JN196852

脳力アップ！

受験生体操

著：内藤　隆

🌳 Round Flat

これから受験を迎える皆さんへ

勉強効率を上げたいなら運動しよう！

　「机に向かったけど勉強に集中できない」、「せっかく勉強を始めても、すぐに眠くなってしまう」、「勉強するのが嫌で、他のことにすぐ逃げてしまう」など、受験生の悩みは尽きません。反省して気持ちを入れ替えてもすぐに元通り・・・。勉強が進まないことにストレスがたまり、イライラして余計に勉強に身が入りません。この負の連鎖を断ち切るにはどうしたら良いでしょうか？勉強前や勉強の合間に、思い切って体を動かしてみましょう！

運動でヤル気のスイッチが入る！

　適度に体を動かすことで心身のコンディションが整い、脳が活性化します。受験は半年から1年以上におよぶ長い戦いです。体を動かすことで脳が冴え、勉強で高い集中力を発揮できたり、気持ちが前向きになったりします。それによって、困難なことにも立ち向かう気力が保たれます。逆に、運動不足や睡眠不足は心身のコンディションを下げ、パフォーマンスを知らず知らずのうちに大きく低下させてしまいます。

受験生こそ体を動かそう！

　本書では、「集中力を高めたい」、「眠気を解消したい」、「運動不足を解消したい」など、受験生のニーズに応じた体操を紹介しています。運動は「着替えて、屋外や体育館で、みんなで行うもの」というイメージを持っている方も多いと思います。しかし、この本で紹介するのは、「ひとりででき、着替え不用、わずか数分、自宅でできる」という内容です。運動神経の良し悪しも、まったく関係ありません。頭をたくさん使う受験生だからこそ、体を意識的に動かし、コンディションを高めることが大切です。興味が湧いたものや自分に必要だと思った体操から、ぜひチャレンジしてみましょう！

保護者、学校・塾の先生方へ

　本書を手にとっていただき、ありがとうございます。この本は、これから受験を迎える中学生・高校生に向けて書いています。

　私がこの本で伝えたいことは、受験生こそ運動する必要があるということです。なぜなら、運動は成長期にある青少年の身体の発達を促すために不可欠であり、さらに受験勉強においても、脳の働きを高め、勉強効率を上げることができるからです。逆に言えば、半年から1年以上続く受験活動において、勉強だけに追われ、運動不足や睡眠不足に陥ってしまうと、心身の健康を損ない、勉強効率も上がりません。

　私が行った調査によると、受験生の93%が運動不足であるという結果が出ています。これは成人のどの年代よりも高い値であり、深刻な状況であると言わざるを得ません。体育の先生や地域の運動指導者だけが青少年の運動や健康に関わるのではなく、受験生を取り巻く大人たちがサポートすることが必要です。

　学校や塾の先生方においては、ぜひ本書で紹介する受験生体操を授業前や授業の合間に実施していただきますよう、お願いいたします。短時間でも体を動かすことで、座り過ぎや運動不足が解消されるほか、心身がリフレッシュし、眠気解消や集中力アップで勉強効率も高まります。

　保護者の皆様方においては、受験生が不活発な生活に陥らないよう、受験勉強の進捗だけでなく、子供たちがアクティブに生活できているかにも注意を払っていただきますよう、お願いいたします。

　本書を通じて、受験生が健康を保ちながら健やかに成長し、学力を伸ばすお手伝いができれば、筆者としてこれ以上の喜びはありません。

2018年7月吉日

内藤　隆

もくじ

第1章 みんなでやろう！受験生体操

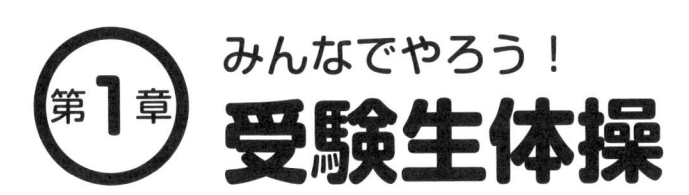

この章では、学校や塾のクラスなど、
グループで行う「受験生体操」を紹介します。

勉強への集中力やヤル気を高める「受験生体操第1」、
勉強中の眠気解消やリフレッシュのための「受験生体操第2」があります。
目的や時間帯に応じて、第1、第2のいずれかを行ってください。
いずれも3分程でできる体操で、勉強の効率を高めてくれます。

先生やクラスの誰かがリードして、
みんなで体を動かしましょう。
もちろんひとりで行うこともできますので、
自宅で勉強する際にも活用してください。

受験生体操第1

①背中のばし

②チェストオープン

⑦指タッチ肩回し

8

③腰ひねり

④手のひらさすり

⑥親指小指

⑤グーパー

背中のばし

背骨をしなやかに保ち、良い姿勢をつくろう

背中
10秒

①椅子に浅く腰掛け、両手を胸の前で組む

②両手を前に伸ばし、おへそを覗き込むように背中全体を丸めながらキープする

One Point	大きなボールを抱えるように両肘を丸め、左右の肩甲骨を引き離すように行いましょう

チェストオープン

胸を広げ、猫背を防ごう

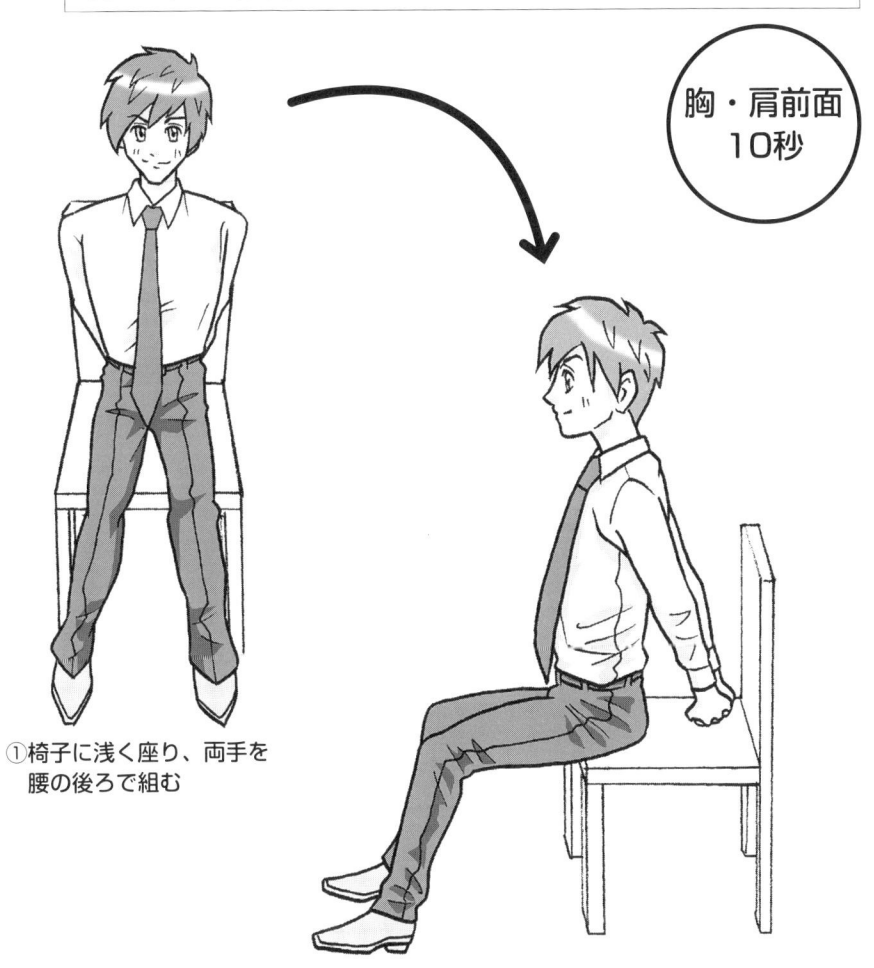

胸・肩前面
10秒

①椅子に浅く座り、両手を
　腰の後ろで組む

②両肩を開き、胸を前に突き出すようにしながら、両手
　をおしりから離してキープする

One Point 　両肩を後ろに広げ、肩甲骨を寄せましょう
　　　　　　　目線が下がらないように行います

腰ひねり

座り姿勢で負担のかかる腰を事前にケアしよう

腰
各10秒

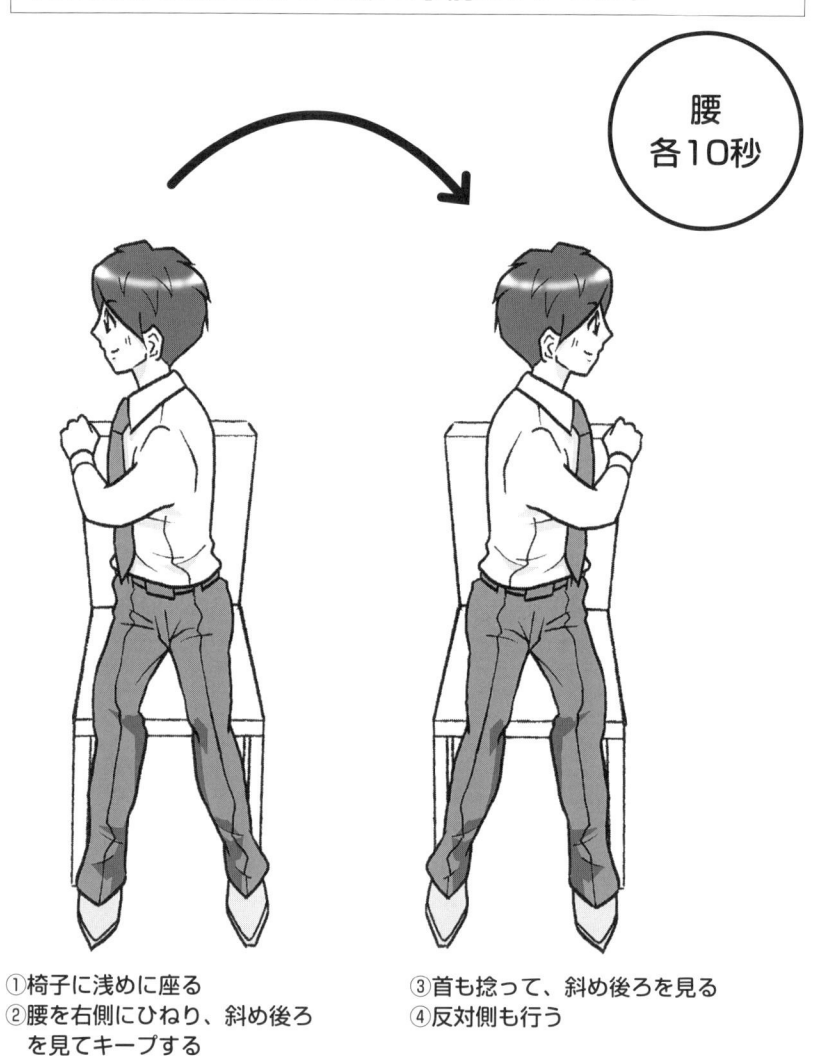

①椅子に浅めに座る
②腰を右側にひねり、斜め後ろ
　を見てキープする

③首も捻って、斜め後ろを見る
④反対側も行う

One Point　坐骨を立てて座り、腰をひねりましょう
背もたれがある場合は、背もたれをつかんでもOKです

手のひらさすり

手のひらへの刺激で脳をウォームアップしよう

脳の活性化
10秒

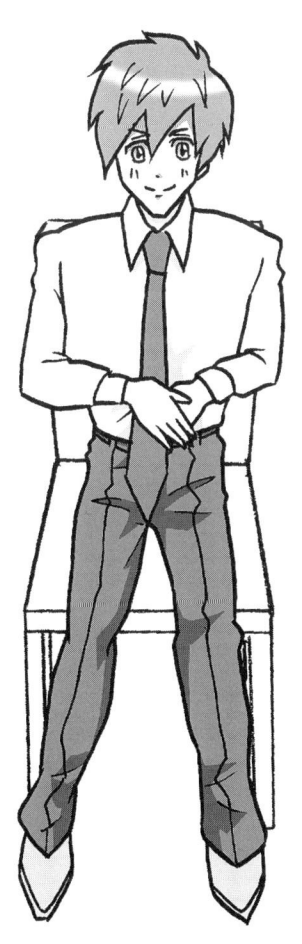

①両手の手のひらを重ねる
②手のひらをゆっくりこすり、徐々に早くしていく

One Point 摩擦で温めて、指を動かしやすい状態にするとともに、末梢への刺激によって脳が活性化します

グーパー

手指を動かし脳を刺激しよう

脳の活性化
各10回

①両手でグーに握り、パーに変えるのを
10回繰り返す

②次に、左右の手でグーパーが反
対になるよう、10回繰り返す

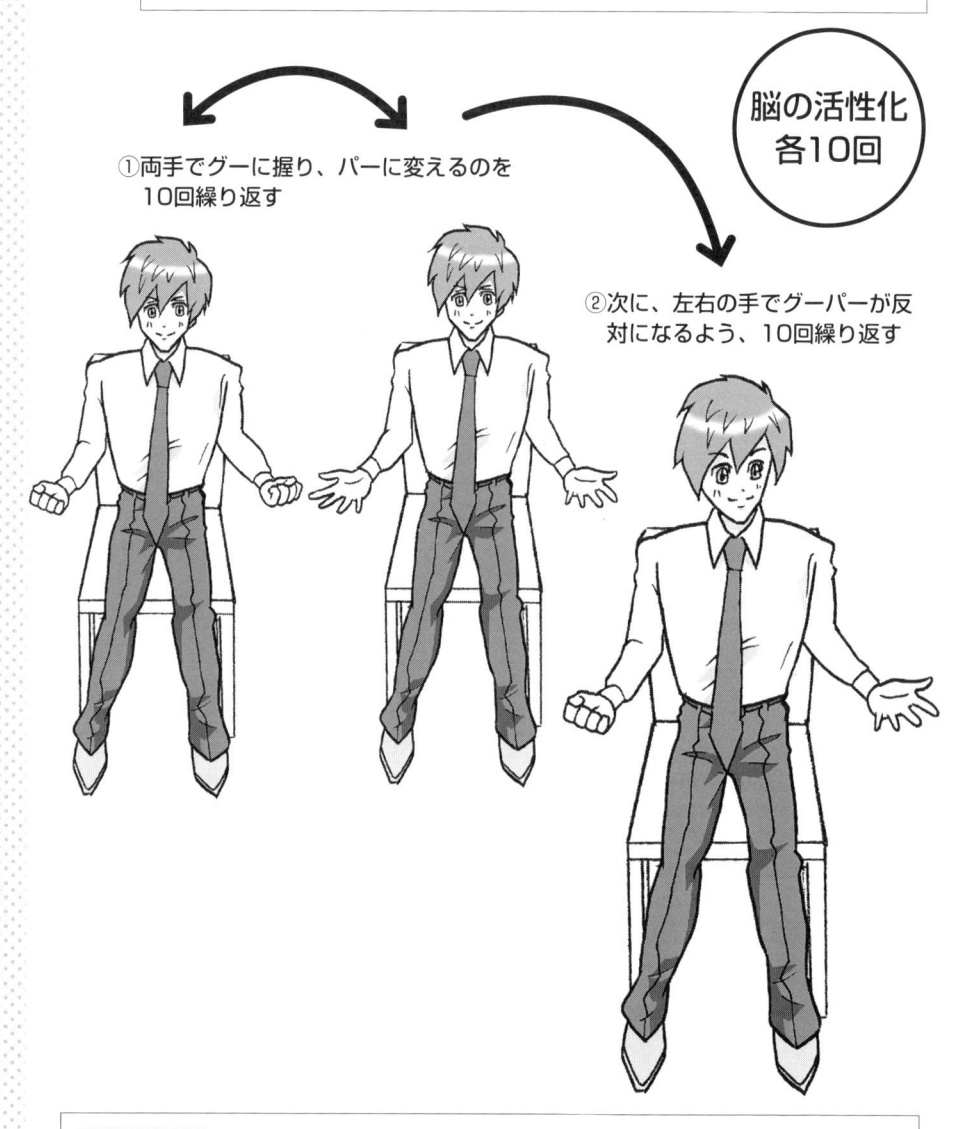

One Point　グーは強めに握り、パーは指を大きく開きましょう

親指小指

手指を動かすことで脳を刺激しよう

交互に素早く繰り返す

脳の活性化
20回

①両手を握り、手の中を上に向ける
②右手は親指、左手は小指を伸ばし、次に右手は小指、
　左手は親指にチェンジする

One Point　指に意識を集中し、できるだけ素早く動かしましょう

指タッチ肩回し

程よいリラックス＆姿勢を整えるお勧め体操！

肩・肩甲骨
後ろ回し
10周

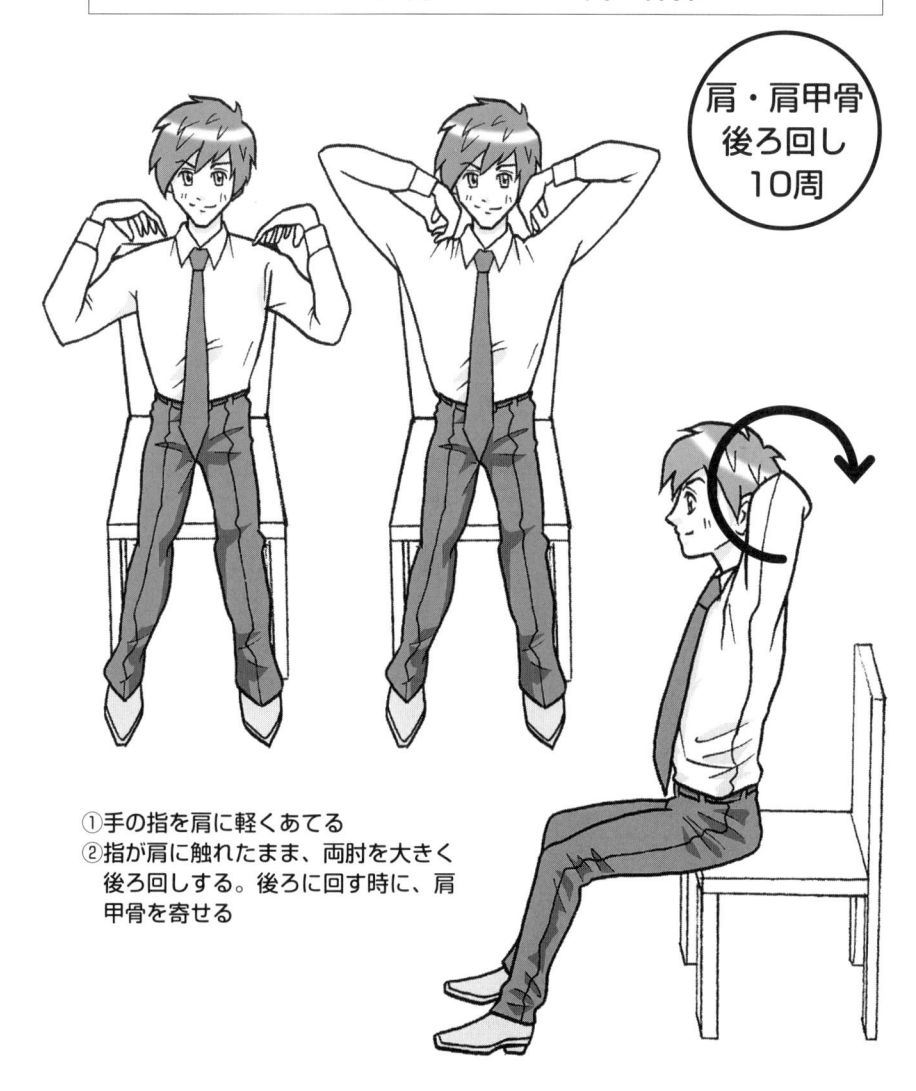

① 手の指を肩に軽くあてる
② 指が肩に触れたまま、両肘を大きく
　後ろ回しする。後ろに回す時に、肩
　甲骨を寄せる

One Point　上を通る時に、肘が耳よりも高くなるようにしましょう

受験生体操の効果

　勉強の直前や合間に受験生体操を行うことで、87%の人が「いつも以上に勉強に集中できた」、「頭がスッキリした」、「いつもより眠気を感じづらかった」、「心身がリフレッシュできた」、「勉強に前向きに取り組めた」などの効果を実感しました。

　授業の冒頭や勉強開始直前には「受験生体操第1」、勉強疲れが出てきた時や午後の眠くなりやすい時間には「受験生体操第2」がお勧めです。

　体を動かし、勉強効率を高めましょう！

受験生体操第2

①サイドストレッチ

②腰そり

⑦ネックストレッチ

目 的	眠気解消、リフレッシュ
実施タイミング	午後の眠くなりやすい時間、授業の合間、休み時間など

③腰回し

④前グーパー

⑥肩アップダウン

⑤股関節ストレッチ

サイドストレッチ

上体を伸ばして新鮮な空気を取り込もう

①両手を頭の上で組み、体を右側に倒してキープする
②次に、左側に倒してキープする

わき腹・
肩・背中
各10秒

One Point 深く倒すのではなく、浅くてもよいので、両手を遠くに伸ばすようにしましょう

腰そり

座り姿勢で固まった腰を解放しよう

①両手をおしりにあて、顎を軽く引きながら、腰を後ろ
　に倒してキープする
②いったん戻して、もう一度行う

3秒キープ
×2回

One Point	膝を伸ばしたまま、両手で骨盤を前に押し込み、上体を反りましょう

腰回し

負担のかかった腰・おしりをほぐそう

①両手を腰にあてる
②時計回りに腰を5周回す
③反対回りに5周回す

腰・おしり
各5周

One Point 　両肩が一緒に回ってしまわないよう、おへそから下を回す意識で行いましょう

前グーパー

上体を動かし、心身をリフレッシュしよう

①右手をグーで前に伸ばし、左手をパーで胸につける
②右手をパーにして胸につけ、左手をグーで前に伸ばす
③これをリズム良く10回繰り返す
④次に、前がパー、胸がグーにチェンジし、10回繰り返す

腕＆気持ちの
リフレッシュ
各10回

One Point　1、2、3、4、・・・・9、10とみんなでカウントしながら、リズミカルに腕を動かしましょう

股関節ストレッチ

体の中心をのばし、眠気を吹き飛ばそう

① 両足を大きく開き、膝を曲げて、おしりを下げてキープ。両手は膝に置く

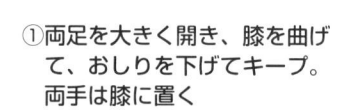

股関節
各10秒
キープ

② 左肩を中に入れるよう、上体を右側に捻ってキープする
　反対側も行う

One Point　ひねるのと逆の手で膝を外側に押してキープしましょう
　　　　　　　（右捻りの場合は、左手で左膝の内側を外に押す）

肩アップダウン

肩の力を抜いて、勉強疲れを解消しよう

①息を吸いながら両肩を引き上げ、肩に力を入れて
　3秒間キープする
②一気に脱力して、両肩をストンと落とす

肩
3回

One Point　肩を下ろす時に同時に息を吐き出すと、力が抜けやすくなります

ネックストレッチ

仕上げに首を緩めてリフレッシュ

首
各10秒
各2周

①背筋を伸ばし、右手で左後頭部を
　押さえ、右斜め前に首を倒してキ
　ープ
②反対側も行う

③次に、首をゆっくりと回す

One Point 　首を斜めに倒す時は、顎を倒す側の鎖骨に近づけるようにしましょう。首を回す時は、前に深く、後ろは浅めに行いましょう

第2章 受験生こそ運動したほうが良いわけ

この章では、
受験生が体を動かすことの
メリットを解説します。

運動することの大切さを理解し、
前章で紹介した受験生体操や
第3章、第4章で紹介する
ストレッチや筋トレを
実践しましょう。

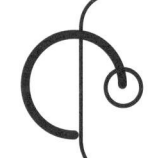

受験生に襲いかかる「3つのリスク」

　受験勉強が本格化すると、部活動からの引退や学校や塾、家で勉強する時間が増え、生活リズムがこれまでと変わります。そして受験生の多くが①運動不足、②座り過ぎ、③睡眠不足の3つのリスクを同時に抱え込んでしまいます。

図2-1　受験生が抱える3つのリスク

運動不足　　　　　　　　座り過ぎ　　　　　　　　睡眠不足

✏ リスク① 運動不足

　部活動からの引退や友達と遊ぶ時間が減ることで、体を動かす時間も減ってしまいます。筆者が行った調査では、受験生の93%が運動不足を感じているという結果でした。これは成人で最も高い割合であった40代の87%を上回ります！受験生は、他のどの年代よりも運動不足を感じているのです。

　原因は、受験勉強を機に運動する時間が大きく減ることです。体育の授業を除き週3回以上運動している人は、受験期前には36%でしたが、受験期には6%にまで低下しま

す。運動部に所属してほぼ毎日運動していた人でも、受験期にはほとんど体を動かさなくなってしまっています。運動頻度が週1回未満の受験生は82%にのぼり、中でも体育の授業以外で運動していない人は53%と半数を超えます。

図2−2　スポーツ・運動の実施頻度
（体育の授業を除く）

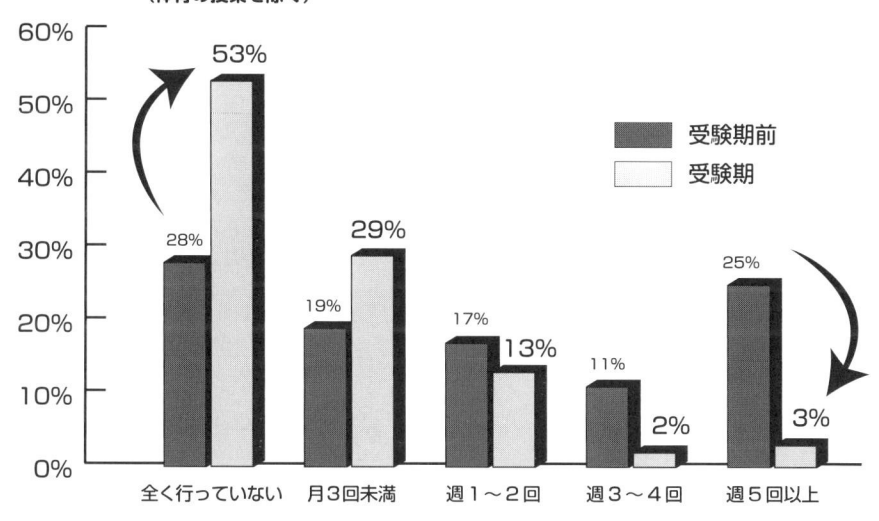

✏️ リスク② 座り過ぎ 🧽

受験勉強が本格化し、勉強で机に向かう時間が増えるにつれ、座って過ごす時間が増えます。筆者が行った調査では、学校以外での勉強時間は受験期前の1.6時間から受験期には5.6時間と、4時間増加しています。

現代人の生活は、"Too Little Exercise. Too much Sitting."──身体をあまり動かさず、座り過ぎ──と言われています。機械化による便利な生活と引き換えに、日常で身体を動かす機会を失い、長時間座り続けるライフスタイルが広がっています。

多くの成人は、朝起きてから夜寝るまでの時間の2/3を座位や横になって過ごしています。近年、座り過ぎによる健康リスクが明らかになりつつあり、「1時間座位を続けるごとに平均余命が22分短くなる」、「長時間の座位による健康被害は喫煙に匹敵する」などと述べる研究者もおり、座って過ごす時間が長いほど、病気になりやすく、寿命を

縮めることがわかっています。

　歩いたり立ち上がったり身体を動かすことは筋肉の収縮運動であり、この筋肉の収縮が血液循環を正常に保ちます。しかし、座って勉強している時は、ペンを動かす手や眼球を動かす筋肉以外はあまり活動しておらず、さらに裏ももやおしりが座面に圧迫され続け、循環機能が低下し、全身の細胞に酸素や栄養が運ばれづらくなり、体に溜まった老廃物も除去されづらくなります。筋肉は体の熱を生み出す重要な役割も担っており、筋肉をあまり動かさない生活は、低体温・低酸素の状態をつくります。このような生活スタイルが長期間にわたって続くと、体力低下や生活習慣病（肥満、糖尿病など）のリスクが高まります。

　別のデメリットもあります。地球上で生活する私たちは常に重力を受けています。重力に押しつぶされないよう、私たちの体も発達してきました。しかし、体をあまり動かさず、座りがちな生活を送ることで、重力に抗う必要性が減るため、筋肉や骨格が十分に発達しません。また、立ったり、歩いたり、走ったりする中で、身体の感覚が発達していきますが、座りがちな生活ではバランスをとったり、動きをコントロールする機会が減るため、感覚の入力が減り、筋肉の緊張、姿勢の悪化、運動能力の低下が引き起こされます。

図２－３　学校外での１日あたりの勉強時間

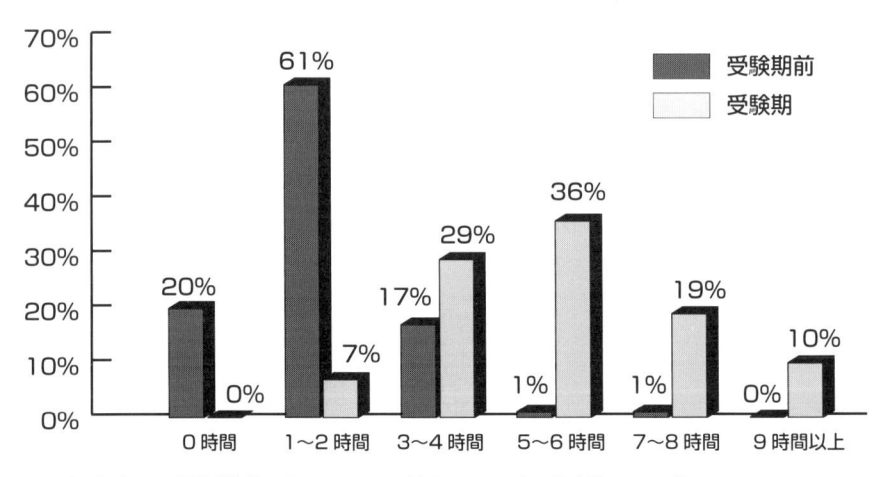

※大学1年生への受験活動振り返りアンケート結果（2015年5月実施、162名）

座ること自体が悪いわけではありません。座ることで物事を考えたり、勉強に集中しやすい状態になります。問題は一度座ったら、ずっと座り続ける習慣です。学校や塾の休み時間は座ったまま過ごすのではなく、必ずいったん立ち上がり、椅子から体を解放しましょう。休憩時間に立ち上がって歩いたり、本書で紹介する体操を行うことで、筋肉が動いて脳への血流も良くなったり、体がリフレッシュされ、次の時間の勉強効率が高まります。

✏ リスク③ 睡眠不足 🧽

　受験は半年 ～ 1年におよぶ長期的な戦いになるので、心身のコンディションを良い状態に保つことが重要です。受験生は寝る時間が遅くなり、睡眠時間が短くなりがちです。またそれに伴い、夜食の頻度も高まります。しかし、結果を出したいのであれば、睡眠時間は絶対に削ってはいけません！

　睡眠不足は脳の働きを著しく下げ、集中力、注意力、計算力、記憶力を低下させます。脳は、日中に勉強したことを寝ている間に整理し、記憶として定着させるので、せっかく勉強しても睡眠時間が短ければ、記憶として残りづらくなります。

　ひとりひとりに合った睡眠時間は違うので、一概に何時間がベストということは言えませんが、4 ～ 5時間では明らかに短いでしょう。睡眠時間を削って勉強を進めても、翌日のエネルギーを失ってしまっては意味がありません。7 ～ 8時間を目安に、遅くとも夜11時までには寝るようにしましょう。日中に体を適度に動かすことで睡眠の質も高まります。良い睡眠をとることも勉強のうちです！

　睡眠の質を高める上で、「寝る前の過ごし方」はとりわけ重要です。勉強で忙しい受験生が寝る前にゆったりとした時間を多く取るのは難しいと思いますが、就寝前の30分間だけでも好きな音楽を聴いたり、ストレッチで体をほぐしたり、読書をしたり、日記を書くなど、リラックスした時間を過ごしましょう。それくらいの心の余裕が受験生には必要であり、それが翌日のパワーとなります。

図2-4　夜食と夜更かしの頻度

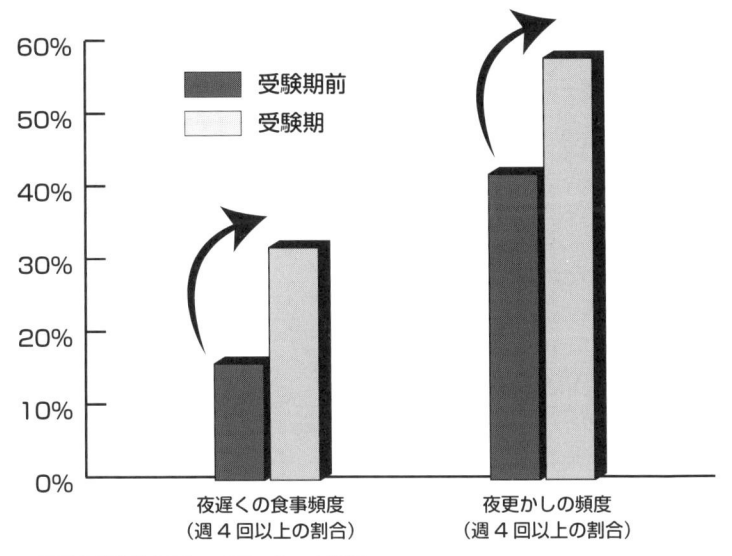

※受験生男女計62名へのアンケート結果

　①運動不足、②座り過ぎ、③睡眠不足の3つのリスクにうまく対処していかないと、知らず知らずの内に受験生は大きなストレスを溜め込んでしまいます。そうなると、脳の働きが落ち、不安な気持ちも続き、勉強の効率が上がらなくなります。体調も崩しやすくなり、勉強が進まなくなるという負のスパイラルを断ち切るためにも、しっかり体調管理を行い、心身のコンディションを整えましょう！

受験生が運動することで得られる「5つのメリット」

　それでは、ここからは勉強で忙しい受験生こそ、運動を生活に組み入れた方が良い理由について具体的に説明していきます。

運動するメリット① 運動は脳に効く

　運動が体に良いことはよく知られていますが、実は脳にも良い影響があることをご存知でしょうか？ 例えば、手をグーパーグーパーするような単純な動作であっても、必ず脳の指令が必要であり、脳の働きなしには実現しません。体を動かすこと自体が脳への刺激であり、脳の活性化につながります。

　運動によって血行が良くなると、脳に酸素・栄養が行き渡りやすくなります。神経伝達物質と言われる脳内物質（ドーパミン、セロトニン、ノルアドレナリンなど）が増加し、頭が冴えたり、やる気の高まり、前向きな気持ち、気分の安定など感情を良い状態にコントロールしやすくなります。さらに、運動によって脳由来神経栄養因子（BDNF）という物質の分泌が増え、脳の神経細胞（ニューロン）の発生・成長・再生が促されます。反対に、運動不足は思考能力や気分の低下を招きます。

　運動が脳を活性化させる有名な実験として「0時限体育」があります。学力も健康状態も平均以下であったアメリカのある高校で、0時限、つまり1時限目が始まる前に、毎朝、生徒たちにトラックを4周（1.6km）走らせ、学力にどのような影響が出るか調査しました。その結果、同校の生徒たちは、全米一肥満度が低く、健康状態も良くなりました。さらに驚くことに、生徒たちの学力は全米トップを超え、世界トップレベルにまで上昇しました。世界23万人が受けた「国際数学・理科教育動向調査」において、なんと理科で世界1位、数学で世界6位を獲得したのです！

2016年にデンマークのコペンハーゲンで開かれた専門委員会においては、子供や青少年が体を動かすことの効用について科学的根拠にもとづく声明が発表されました。その一部を紹介しましょう。

●身体活動と心肺持久力は、脳の構造や働き、知的能力に良い影響を与える
●学校生活中やその前後の身体活動は、学業成績を高める
●適度な1回の身体活動を行うと、すぐに脳の働きや知的能力、学業成績に良い影響を与える
●基礎的な運動能力の上達は、知的能力や学業成績に良い影響を与える

　このように体を動かすことが脳力アップにもつながることが示されています。ただし、運動をたくさんすればするほど良いというものではありません。激し過ぎる運動は脳を疲労させ、勉強どころではなくなってしまいます。受験生に適した運動のやり方については、後ほど説明します。

運動するメリット②　受験太りを防ぐ

　受験期に急激に体重が増え、いわゆる「受験太り」をしてしまう人が少なくありません。受験太りは、運動量の低下や間食・夜食による食事バランスが崩れることで起こります。特に運動部に所属していた人は注意が必要です。スポーツを毎日していた時と同じ食事量を続けていると、すぐに太ってしまいます。10代で過体重や肥満になると、大人になってからも太りやすくなります。

　とはいえ、成長期にある受験生が食事を過剰に制限することは、好ましくありません。体を動かすことで代謝が上がり、カロリーも消費されるほか、過剰な食欲を抑えるセロトニンというホルモンも分泌されやすくなり、食べ過ぎを防ぐことができます。受験生であっても、毎日少しずつでも運動を取り入れ、より良いスタイルを目指しましょう。

運動するメリット③　体力アップ

　成長期である10代は、体力（筋力、持久力など）も大きく伸びる時期です。しかし、

受験で体をあまり動かさない生活が続いたり、進学後もその習慣が続いたりすることで、本来到達するはずのレベルまで体力が高まらず、体力不足になります。体力はスポーツ選手だけに必要とされるものでなく、すべての人にとって重要です。

　体力を2つに分けて説明します。ひとつ目は「スポーツ体力」。より速く、より高く、より強く動作するための体力です。試合に勝つことや自己の限界を突破することの土台になります。もうひとつは「健康体力」。肉体の健康や脳の働き、気力の保持を支える基礎体力です。心身の健康維持や、仕事や勉強で継続的な能力を発揮するための土台になります。

　本書が主なターゲットとしているのは後者です。健康体力が不足すると、体調を崩しやすい、病気に罹りやすい、脳が十分に働かない、モチベーションの低下につながります。スポーツ体力を高めるためには鍛錬が必要ですが、健康体力は日々の生活の中で高めていくことができます。健康体力を高めることで、持っている能力を伸ばし、それを発揮することができます。タフな体を手に入れましょう！

図2-5　20歳を100%とした時の体力の推移

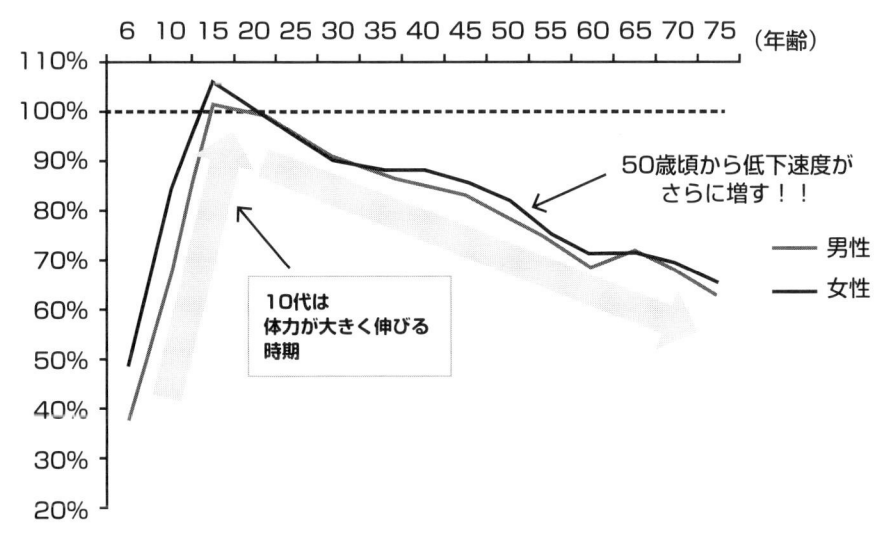

※6〜64歳は、握力・上体起こし・立位体前屈・反復横跳び・20mシャトルランの平均
※65歳以上は、握力・上体起こし・立位体前屈の平均
（文部科学省、平成24年度「体力・運動能力調査」データから作図）

✏️ 運動するメリット④　ストレス解消 🩹

　進路の悩みや志望校に合格できるかという不安、勉強が進まないイライラ、進路に関する意見の食い違い、孤独感など、受験生は多くのストレスを抱えます。人間にとって適度なストレスは必要なものですが、それが過度なストレスや慢性的なストレスになってしまうと、脳の働きや意欲が低下し、勉強効率が落ちてしまいます。

　ストレスを上手にコントロールする方法は、体を適度に動かし、しっかり寝ることに尽きます。受験生は、とかく学校や塾、家でも勉強が中心の生活になりがちです。ストレスを溜め込まず、勉強への意欲を高め、高い集中力を発揮するために、リフレッシュすることが必要です。体を動かすことはリフレッシュに最適です。

　ちなみに「スポーツ（sports）」の語源は、ラテン語の「デポルターレ（deportare）」で、「日常から離れる、気晴らし」を意味します。体を動かすことは、昔からストレス発散やリフレッシュに使われてきたことが分かりますね。

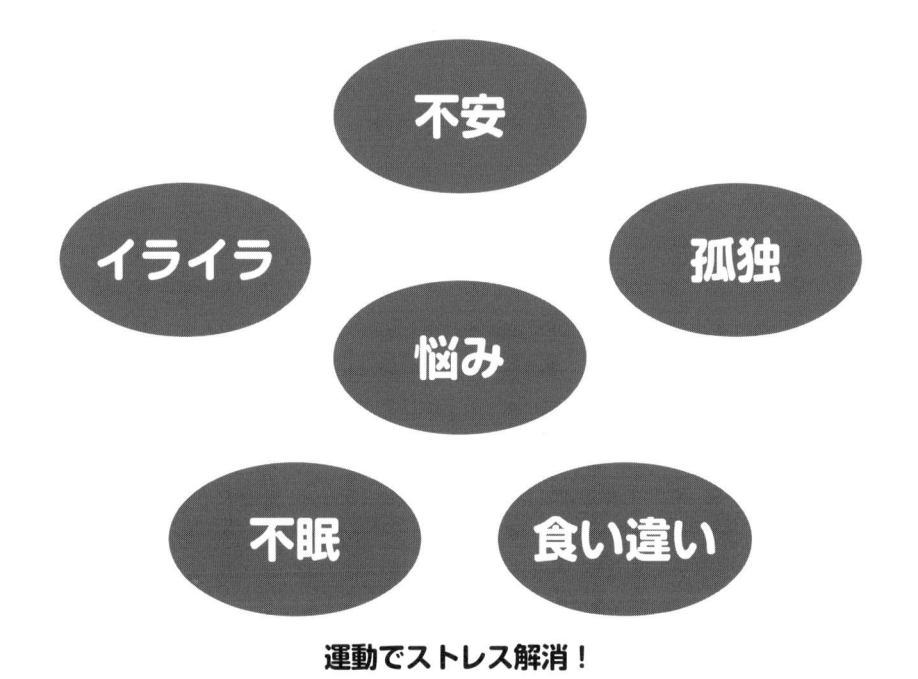

運動でストレス解消！

運動するメリット⑤　行動力＆継続力が身につく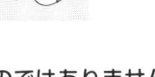

運動は、締切間近の宿題と違い、やらなくてもすぐに困るものではありません。体をあまり動かしていなくても、勉強と違って先生や保護者から怒られることもないでしょう。しかし、運動不足が続けば、脳の働きや心身のコンディションは確実に低下していきます。やらなくてもすぐには困りませんが、とても重要なことであり、先延ばしにしていると後々大きな問題となるということで、運動と勉強は共通しています。

運動も勉強も、今日やったら必ずしも明日大きな成果が得られるわけではありませんが、毎日コツコツと取り組むことで大きな力になっていきます。運動習慣を身につけるということは、大切なことを先延ばしにしない思考、そして実際に行動し、行動を続ける力を養ってくれます。これは受験勉強においてだけでなく、自分が将来やりたいことを実現していく上での大きな武器となります。

受験生のための運動

運動は、着替えをして、みんなで一緒に汗を流すものと考えている人も少なくないと思います。しかし、勉強で忙しい受験生がみんなで集まってスポーツをしたり、運動に長い時間をかけたりするのは難しいことです。だからといって体を動かさない生活を続けていれば、脳の働きや心身のコンディションを良好に保つことができません。

国連の専門機関であるWHO（世界保健機関）は、体力向上やメンタル面の健康保持のため、中学生・高校生年代の子供は、「1日60分以上、スポーツやレクリエーション、登下校時の歩行などによって体を動かすこと」、さらに「週3回は筋肉や骨を強化する高強度の活動を行うこと」を推奨しています。体育の授業だけでは身体活動量は不足するので、自主的に体を動かすことも必要です。

本書では、着替えがいらず、短時間でひとりででき、勉強効率アップにもつながる運動として、①よく歩く、②ストレッチ、③筋トレの組み合わせを受験生に勧めます。

 ①よく歩く

よく歩くことは、適切な身体活動量を保つための土台です。1日8,000 〜 10,000歩以上を目標にしましょう。歩行やジョギングなどのリズム運動は、全身持久力を高めるだけでなく、脳の活性化やストレスを軽減する働きもあります。歩数計が内蔵されているスマホも多いので、それを活用して自分の1日の歩数を測ってみるとよいでしょう。歩数が不足している場合は、歩く時間を意識的に増やしましょう。10分の歩行で、おおよそ1,000 〜 1,200歩になります。

受験期でも体を動かしていた先輩受験生へのアンケート調査では、歩数を増やすコツとして、「休み時間に立ち上がる」、「駅で階段を使う」、「学校帰りに1駅分歩く」、「気分転換に散歩する」、「週末にジョギングをする」などの回答がありました。逆に、週末に

家で1日中机に向かっていたり、ゴロゴロして過ごしたりすると3,000歩にも満たない場合もあり、身体活動量は著しく不足します。休みの日でも外に出て散歩したり、どうしても外に出られない場合でも、勉強合間に気分転換で立ち上がって家の中を少し歩いたり、部屋の中で歩きながら英単語を覚えるなどを行ってみましょう。

　速歩やランニングも時々取り入れましょう。通常歩行に比べ、息が弾んで循環機能が高まったり、下半身の筋肉が強く働いたり、感覚のトレーニングにもなります。

✐②ストレッチ ✐

　受験生体操ではストレッチ（筋肉や皮膚を伸ばす運動）を多く取り入れています。ストレッチは、その場でポーズを取るだけで、全身の筋肉・関節をくまなく動かすことができ、特別な道具も必要ありません。

　学校や塾で机に長時間向かう受験生は、同じ姿勢を取り続けることが多く、特定の筋肉が緊張する（または緩み続ける）ことで姿勢が崩れやすくなったり、体液の流れが悪くなったりします。ストレッチをすることで、体のバランスを整えたり、血行を改善することができます。縮こまった筋肉を伸ばすことは、精神的なリフレッシュにもなります。

　ストレッチの基本的な注意点は、①気持ち良いと感じる程度に伸ばす（無理に伸ばさない）、②呼吸を止めない（自然呼吸）、③伸ばしている筋肉を意識する ── の3つです。受験生体操で紹介するストレッチを生活の中でこまめに行いましょう。詳しいやり方は、各種目の説明をお読みください。

✐③筋トレ ✐

　筋トレは、歩行やストレッチだけでは得られない高強度の負荷を体に与え、筋肉と骨を強化します。強化だけでなく、日常生活ではなかなか行わない多様な動きができること、普段あまり動かしていない筋肉を動かせることも、筋トレのメリットです。

よほどマッチョな体をつくりたい場合は除き、マシンやダンベルを使わなくても、自分の体重を利用して効果的なトレーニングができます。女性には、筋トレをするとムキムキになってしまうのでは・・・という心配があるかも知れませんが、多くのモデルが筋トレを実践していることからも分かるとおり、心配は無用です。

　一昔前までは筋トレはスポーツ選手が主に行うものでしたが、現在はスポーツ選手以外の多く人が自宅やジムで筋トレに励んでいます。筋トレは、短時間で高い運動効果が得られ、強い体だけでなく、メンタルの強さも養ってくれます。近年、筋肉が脳の活性化にも関与していることも分かっており、まさに受験生にお勧めの運動です。

　第4章では自宅でできる筋トレを紹介します。
　ぜひ筋トレにもチャレンジしましょう！

　受験生は、体を動かす時間が減る一方、座り時間は増え、運動量が不足しがちになります。このような状態が続けば、体力面への悪影響のみならず、知らず知らずのうちに、脳の働きや心の健康も下がってしまいます。このような状態では、なかなかヤル気にスイッチが入らず、勉強の効率も上がりません。頭をたくさん使う受験生だからこそ、積極的に体を動かし、心身のコンディションを整え、脳の働きを高めましょう。

　次章からは、ストレッチや筋トレを用いた受験生のための運動を紹介します。日常でよく歩くことに加え、受験生体操を日々実践し、勉強効率を高めていきましょう！

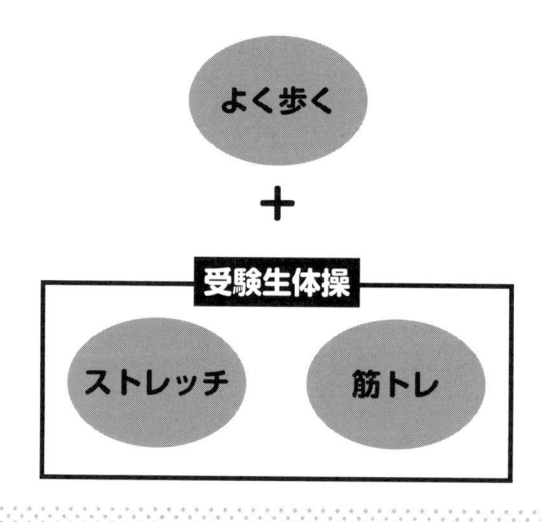

第3章 勉強効率を高める目的別エクササイズ

この章では、受験生の主なニーズに応じた
8つの目的別体操を紹介します。

- ■目覚めスッキリ
- ■集中力アップ
- ■眠気解消＆リフレッシュ
- ■快眠＆ストレス解消
- ■テスト前の緊張緩和
- ■手＆腕の疲れ解消
- ■首＆肩のコリほぐし
- ■腰のだるさ解消

いずれも1〜2分で、ひとりでできる内容です。

自分に必要だと感じる体操を選び、勉強前や勉強の合間に行ってください。

体や気持ちを整えて勉強の効率を高めましょう。

目覚めスッキリ

目的別

コブラ

伸びをして、朝動き始めよう

上半身
15秒

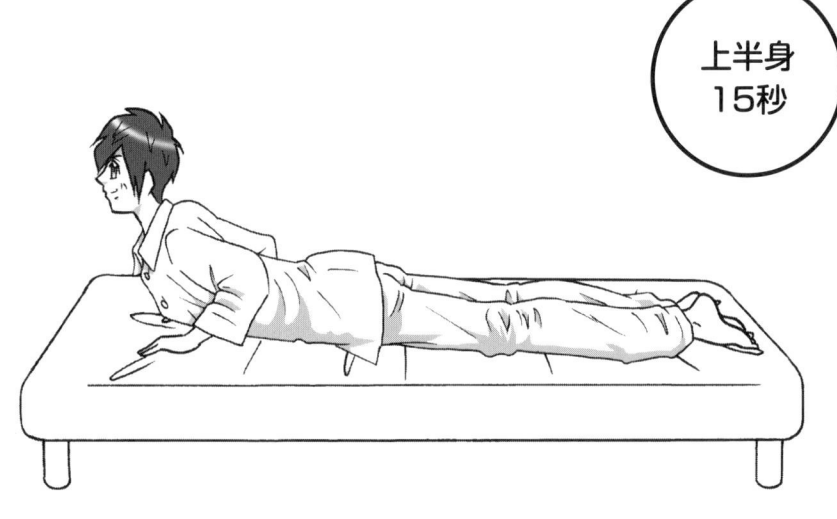

①うつ伏せになり、両手を床につく
②床を手で押しながら、上体を起こしてキープする

One Point キープの時に両肩を下げ、首を長く保ちましょう。首に負担がかかるため、天井を見上げるのは避けましょう

朝起きて、座ってご飯を食べて、学校に行って、また座って授業を受ける。これで脳は本当に目覚めていますか？　1日の始まりに体を動かすことでエンジンがかかり、ダラダラと過ごす時間も減ります。

脳がリフレッシュされた朝は勉強のゴールデンタイムです。夜は早めに寝て、目覚めの体操でスッキリ早起きし、10分だけでも机に向かいましょう！

片膝立ちサイドストレッチ

バランスストレッチで、体を目覚めさせよう

わき腹
各15秒

①右足を前に片膝立ちになる
②右手は腰にあてる。左手を斜め上に伸ばしてキープする
③片膝立ちを反対に変えて、逆の手も行う

One Point　深く倒さなくてよいので、指先を斜め上の遠くに伸ばすようにしましょう

集中力アップ

◀ 上体伸ばし

集中に必要な、ほどよくリラックスした良姿勢をつくろう

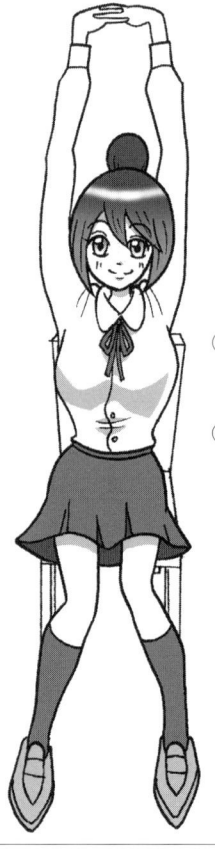

上半身
10秒×2回

①手のひらを下に向けながら、両手を
　天井に向かって思いっきり伸ばして
　キープする
②いったん手を下ろし、もう一度行う

One Point 　手を高く伸ばすことで腹部深層の筋肉が働き、集中力に必要なほど
　　良くリラックスした良姿勢を自然につくることができます

集中力の高さは成果に直結します！気が散りながらダラダラと3時間勉強するより、集中して1時間勉強した方が身になります。勉強を始める直前に集中しやすい状態を体操でつくりましょう。

集中しやすい環境づくりも大切です。勉強中はスマホをカバンの中にしまう、タイマーで時間を計るなど、集中しやすい環境をつくるようにしましょう。

指回し

集中力アップに効果抜群！

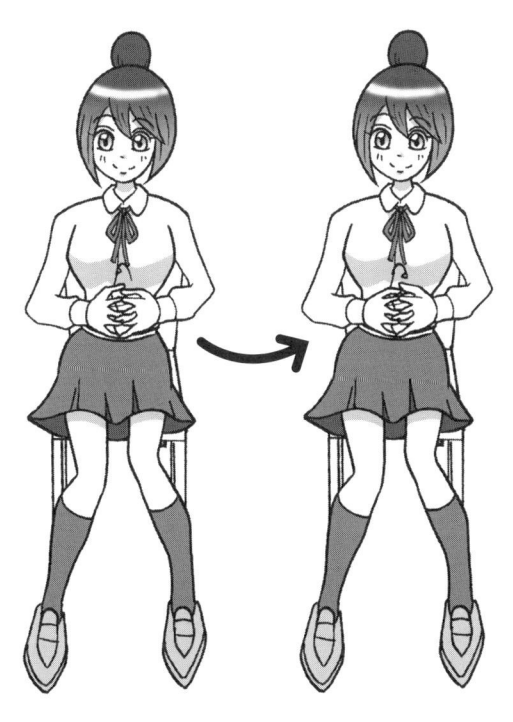

脳の活性化
各20周

①両手の指の腹を合わせる
②親指同士がぶつからないよう前回し、後回しで各10周まわす（他の指はつけたまま）
③続いて、人差し指、中指、薬指、小指で行う

One Point 動かす指に意識を集中させて、指同士がぶつからないように回しましょう

眠気解消&リフレッシュ

◁ 腕ひねり

座り姿勢で縮こまってきた姿勢を元に戻そう

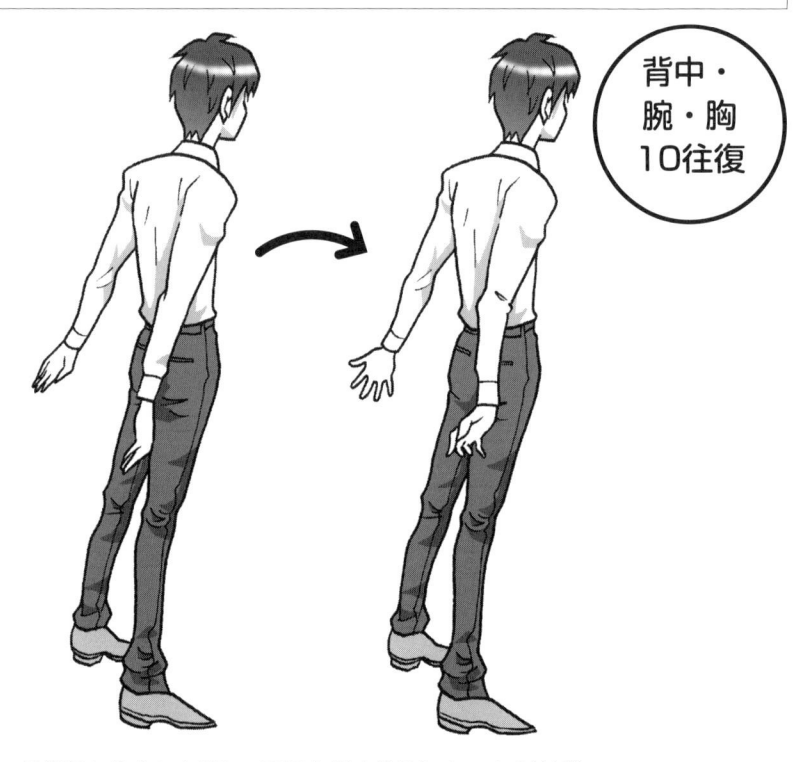

背中・
腕・胸
10往復

①椅子から立ち上がり、両手を斜め後ろにまっすぐ伸ばし、
　肩甲骨を寄せる
②手のひらの内回し、外回しを繰り返す

One Point　外回し（親指が上に移動する方）が弱くなりやすいので、強調して
行いましょう

勉強中の眠気は誰もが経験したことがあると思います。そんな時は、気合いで対処するのではなく、椅子からいったん立ち上がり、体を動かして、眠気を吹き飛ばしましょう！

眠気をそれほど感じていなくても、休み時間には椅子から一度立ち上がり、体を伸ばしたり、少し歩いたりして、心身をリフレッシュしましょう。

バックストレッチ

背面をのばして体をリフレッシュしよう

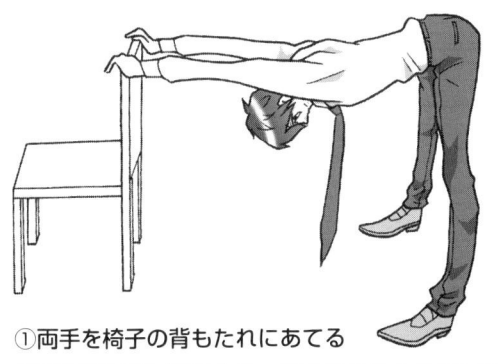

背中・肩
15秒

①両手を椅子の背もたれにあてる
②肩と肩の間に頭を入れ、背中をそるようにしてキープする

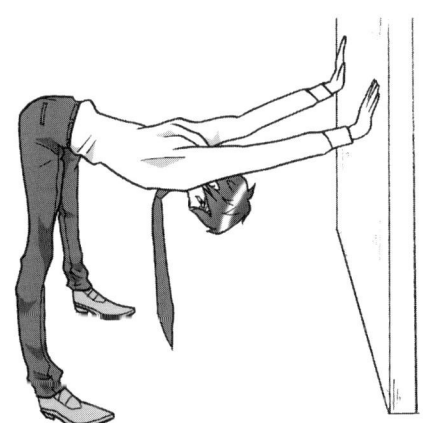

壁を使って
行ってもOK

| **One Point** | 椅子の背もたれでなく、壁に手のひらをつけて行うこともできます |

四つん這い上体ゆらし

上半身の緊張を取り除こう

①四つん這いになり、両手の指を外側に向けて床に手をつく
②両手に体重を乗せ、上体を前後に動かす

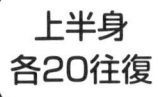

上半身
各20往復

③次に左右に上体を動かす

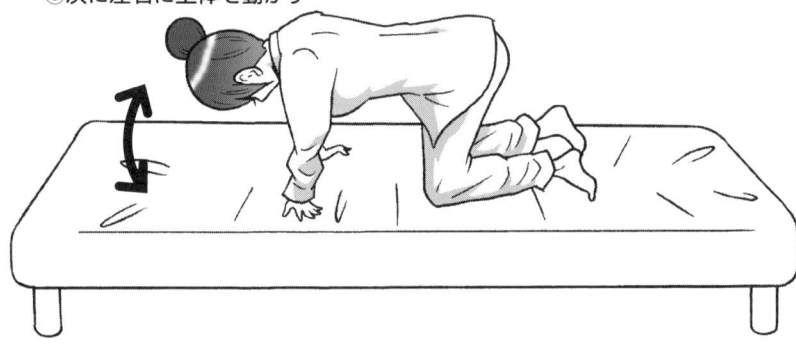

One Point 速く大きく動かすのではなく、心地良いと感じられる程度のスピード、範囲で動かすことでリラックスできます
肩に荷重して動かすことで、肩関節や肩甲骨の動きを良くします

受験生にとって、今日勉強したことを記憶として定着させ、翌日の脳の働きも高める睡眠は重要です。寝る前のゆるやかな運動で心身をリラックスさせることで、より質の高い睡眠にしましょう。

寝る1〜2時間前にメールやゲームなどで明るい画面を見たり、照明をつけたまま寝たりすると睡眠の質が下がり、翌日のパフォーマンスに影響します。注意しましょう。

チャイルドポーズ

心身の緊張を取り除き、質の良い睡眠を得よう

①正座の姿勢から両手を前に伸ばし、手のひら、おでこを床につけて脱力する
②目を閉じ、鼻からゆっくり息を吸って、鼻からゆっくり吐く

全身
60秒

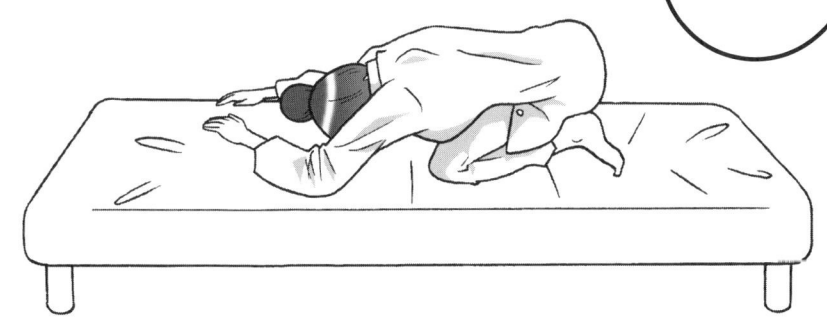

●力が抜けない場合は、両手をおでこの下に敷いてもよい

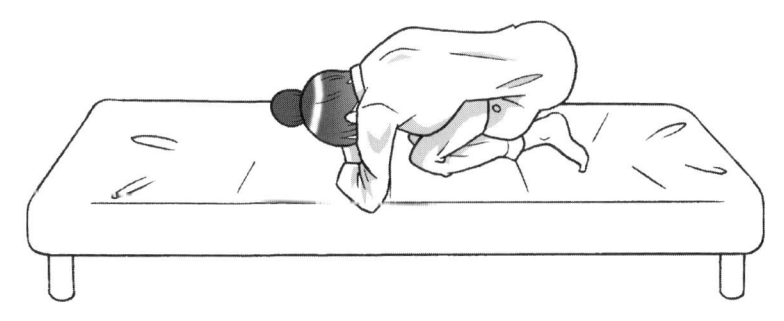

One Point	目を閉じて、鼻からゆっくり息を吸って、鼻からゆっくり息を吐きましょう

テスト前の緊張緩和

耳ひっぱり

心を落ち着かせる体操

①両手の親指と人さし指で耳たぶの真ん中を軽くつまむ
②耳を軽く横に引っ張り、3秒間キープしたら、つまんだ指を横に滑らせ耳から
　離す

3回

One Point 耳を強く引っ張りすぎると逆効果です。ソフトに行いましょう

- ほどよい緊張は集中力を生むためにも必要ですが、それが過ぎてしまうと、平常心を失い、本来の力が発揮できなくなります。「緊張しすぎないように」と心で唱えるだけでなく、体にアプローチすることが効果的です。
- 緊張によって呼吸が浅くなったり、体が硬くなってさらなる緊張を生み出します。模試や学校のテストでも緊張を緩和する体操を試し、受験本番で力が発揮できるようにしましょう。

腹式呼吸

深いゆっくりとした呼吸で緊張を緩めよう

①両手をおへそにあてる
②おへその下（小指があたっているあたり）に意識を集中し、鼻からゆっくり息を吸っておなかを膨らませ、鼻からゆっくり息を吐き、おなかをへこませる

3回

| One Point | 緊張しすぎると、無意識に浅く速い呼吸になってしまいます
呼吸をコントロールして、落ち着きを取り戻しましょう |

手＆腕の疲れ解消

手首ストレッチ

酷使している手・指をケアしよう

手首・
指・前腕
各15秒

①右手を前方に伸ばし、指を
　下に向け、指を広げる

②右手の指全体を左手で手前に引
　っ張り、キープ。反対側も行う

One Point 正面に引っ張った後、小指側が少し上に向くよう腕をわずかに捻り
ましょう

- 字を書く時間が増えると、筋肉の局所的な使いすぎによって、腕や指の付け根に慢性的なダルさや痛みが出る場合があります。受験勉強で酷使する腕をしっかりセルフケアして予防しましょう。
- シャープペンやボールペンを強く握りすぎたり、筆圧が強くなりすぎていませんか？
  ペンはできるだけソフトに握り、力の入れ過ぎにも気をつけましょう。

前腕セルフケア

ペンを持つ腕や指が疲れやすい場合に

前腕
1〜2分

① 右手の肘から指先にかけて、左手の手のひらで20回程こする（往復ではなく、肘から手首にかけての一方向でこする）
② 腕の表面だけでなく、裏面もこする
③ 反対側も行う

① 片手を机の上に乗せる。手のひらを上に向ける
② 反対側の手の肘を置いた腕に乗せて、軽く数秒間圧迫する。圧迫する場所を少しずつ変えながら行う

One Point 肘を立ててピンポイントで押すのではなく、肘をねかせて広い面がマッサージする側の腕にあたるようにしましょう
テニスボールで押すのもおススメです！！

首&肩のコリほぐし

◀ 鎖骨タッチ肩まわし

肩まわりをゆるめる体操

① 左手の指2〜3本で右手の鎖骨を軽く触る
② 指を鎖骨に触れたまま、右肩を後ろ回しする
③ 反対側も行う

肩
各10周

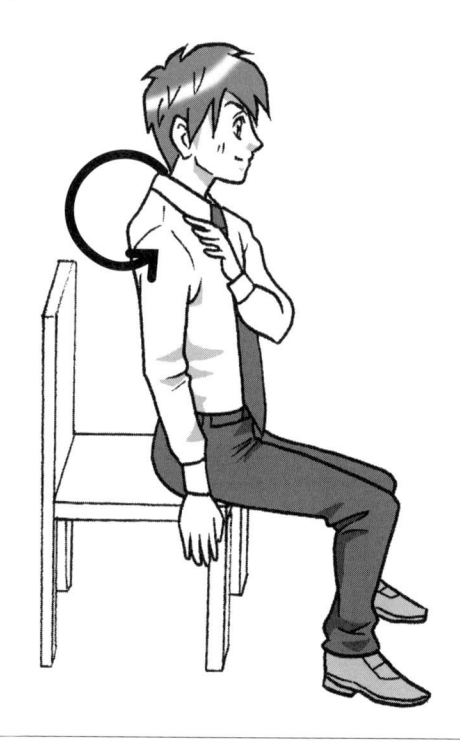

One Point 肩を力いっぱい回すのではなく、指で鎖骨が動くのを感じながら、
気持ち良く感じる程度に肩を後ろに回しましょう

頭は体重の約10%の重さがあります。座り姿勢が続くことで知らず知らずのうち顎が前に出て、頭の重さを支える首や肩に大きな負担がかかります。中学生くらいから肩こりを感じ始める人もいます。ストレッチでケアしましょう。

勉強中は瞬きの回数が減り、視野も狭くなるため、それも肩や首の疲れを増長します。休憩中に目を閉じて眼球を上下左右に動かしたり、目だけを動かして色々な方向を見る眼球運動もお勧めです。

ロールダウンストレッチ

首や頭の重さを緩和しよう

① 後頭部で手を組む。両肘を外側に開きながら、軽く胸を張って3秒キープする
② 次に、背筋を伸ばしたまま、頭を前に倒し、肘を閉じて首の後ろを伸ばし3秒キープする
③ スタートの姿勢に戻り、繰り返す

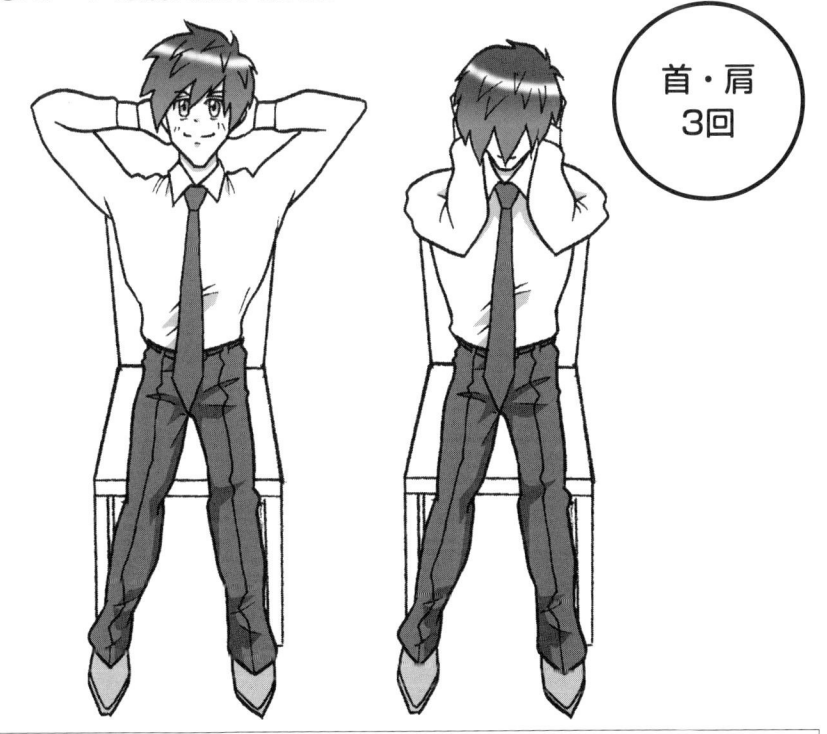

首・肩
3回

One Point	胸を開く時は目線を斜め上に向け、頭を下げる時は、目線をおへそに向けましょう

タオル引っ張り

凝り固まりやすい肩の動きを取り戻そう

①右手が上、左手が下で、背中側でフェイスタオルの端をそれぞれつかむ
②右手でタオルを上に引っ張り、左手を肩甲骨あたりまで引き上げ、元に戻す
③これを繰り返す。反対側も行う

肩・肩甲骨
各10回

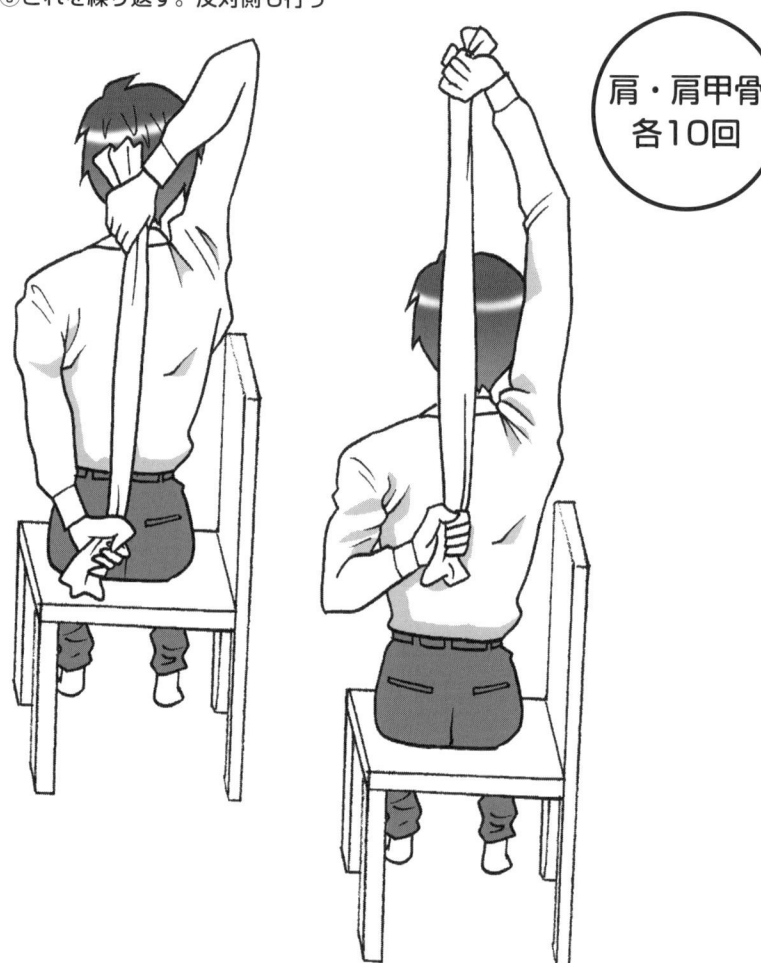

One Point 　上げる時に息を吸うと上に上がりやすくなります
　　　　　　　上げる時に息を吸い、下げる時に息を吐きましょう

体をチェックしよう1　柔軟性チェック（上半身編）

体が設計図どおりに動くかな？　定期的に体の柔軟性をチェックして記録しましょう。

部　位	評　価	＿月＿日	＿月＿日	＿月＿日	＿月＿日
1.肩関節 片手は上、もう一方は下から伸ばし、背中で手を合わせられるか？	A　両方ともタッチ可 　　（指同士がつかめる） B　両方ともタッチ可 　　（指同士が触れる） C　片側だけタッチ可 D　両方ともタッチできない	A B C D	A B C D	A B C D	A B C D
	出来ない時は 首＆肩のコリほぐし タオル引っ張り（56ページ） をやってみよう				
2.肩甲骨・背中 前腕をくっつけた状態で、両肘が鼻より高く上がるか？ 左右の前腕をくっつけた状態で、両肘が鼻の高さまで上がるか？	A　鼻の高さまで上がる B　顎の高さまで上がる C　肩の高さまで上がる D　それ以下／腕同士がすぐ離れてしまう	A B C D	A B C D	A B C D	A B C D
	出来ない時は 受験生体操第1 背中のばし（10ページ） をやってみよう				
3.手首 直角に曲がるか？ 片手の指全体をもう一方の掌で手前に引き、手首が直角まで曲がるか？	A　両側とも楽に直角に曲がる B　両側ともなんとか直角に曲がる C　片側が直角に曲がらない D　両方とも直角に曲がらない	A B C D	A B C D	A B C D	A B C D
	出来ない時は 手＆腕の疲れ解消 手首ストレッチ（52ページ） をやってみよう				

腰のだるさ解消

ツイスト

座り姿勢で負担のかかる腰まわりをリセット

①右足を上に足を組む。上体を右にひねり、左手で右膝を
　押しながらキープ。目線も斜め後ろとする
②反対側も行う

腰・背中
各15秒

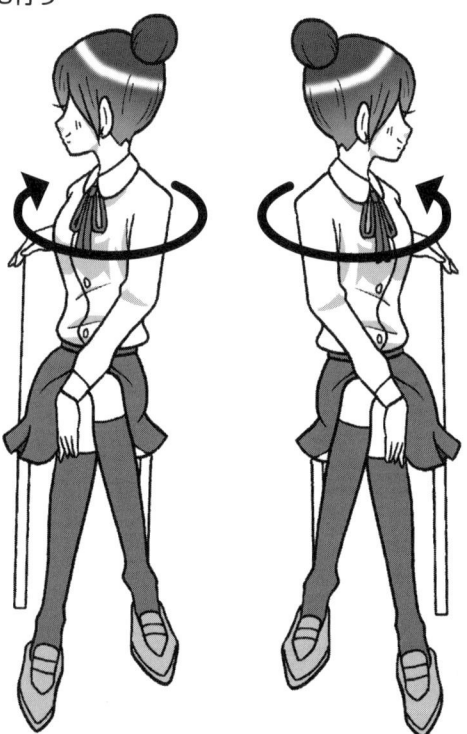

One Point 腰を丸めず、坐骨を立てて座り、そこから腰だけでなく胸を回すよ
うに動かしましょう

一見楽なようですが、実は座り姿勢は立ち姿勢以上に腰に負担がかかっています。1時間に1回は椅子から立ち上がる習慣をつけるとともに、勉強の合間のストレッチでケアしましょう。

ふくらはぎ、裏もも、おしりの筋肉は、筋膜という膜をとおして腰の筋肉と連結しています。そのため、腰の重さを感じた場合は、腰だけでなく、それらの筋肉も伸ばしてあげると、腰の筋肉がより緩みやすくなります。

おしりストレッチ

座り姿勢で硬くなるおしりをほぐそう

①右足を左足の上に乗せ、4の字に足を組む。両手を前方に伸ばし、上体を前に倒す
②おへそを右足のふくらはぎに近づけてキープ
③反対側も行う

おしり
各15秒

One Point 　上体を倒す時に、腰を丸めず、股関節から折りたたむように倒しましょう
手を前に伸ばすのが難しい場合は、肘を曲げてもOK

裏もも伸ばし

座り姿勢で硬くなる、膝裏をストレッチ

①椅子に浅く座り、右足をまっすぐ伸ばし、踵を床につけ、つま先を上に向ける
②上体を倒し、両手でつま先またはスネを触りながらキープ
③反対側も行う

ひざ裏
ふくらはぎ
裏もも
各15秒

One Point　両手でつま先を触るのがキツイ場合は、足首やスネを触りましょう

第4章 受験生のための体づくり 筋トレ＆ヨガ

この章では、自宅で着替えなしで、
数分でできる受験生のための筋トレを紹介します。
筋トレと聞いて「キツそう」、
「重たいものを持たないといけない」と
敬遠する人もいるかも知れませんが、
安心してください。
自分の体重だけで実施でき、
体づくりに効果のあるメニューを紹介します。

筋トレ　レベルⅠ

②タオルラットプル

①クロスオーバー

ウォームアップ
その場足踏み50歩

⑤足裏シットアップ

筋トレの入門編です。

全身をまんべんなく動かし、基礎体力を高め、バランスの取れた体をつくります。

☆できるだけ裸足でおこないましょう

③スクワット

④ヒップリフト

クロスオーバー

バランス感覚を高めよう

☆呼吸：自然呼吸で行う

① 四つん這いになる
② 肩の真下に手のひらをつき、おしりの下に膝を置く

全身
各30秒
1セット

③ 右手と左足を伸ばしキープ。できるだけぐらつかない
よう、お腹に力を入れてバランスをとる

One Point 簡単な場合は、後ろ足のつま先も床から離してキープしてみよう
（膝の下にタオルなど敷いてください）

Variation
タッチ

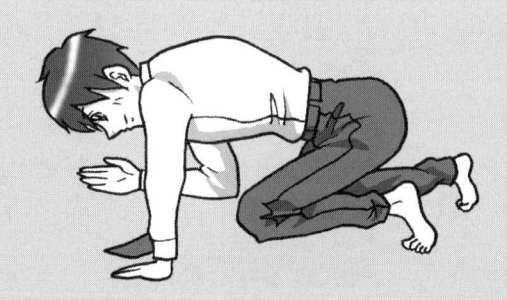

● クロスオーバーの姿勢から腰を丸め、浮かしている側の肘と膝をタッチして
元に戻す。片側10回ずつ、ゆっくり行う

タオルラットプル

肩甲骨を動かし、背中のきれいなラインをつくろう

☆呼吸：下ろす時に吸い、上げる時に吐く

①タオルの端と端を握り、手を高く伸ばす

背中
15回
1〜2セット

②タオルがたるまないように横に引っ張り合いながら、タオルを首の後ろまで下ろし、元に戻す
③下ろした時に軽く胸を張り肩甲骨を寄せる

One Point　タオルを戻す時に、日常ではあまり伸ばさないくらい、両手を高く伸ばしましょう

Variation

IW
（アイ・ダブリュー）

●両手を上に伸ばし、手のひらを内側に向けた状態から、腕を捻って手のひらを外側に向けて両肘をわき腹に近づける

スクワット

キング オブ エクササイズで下半身の筋力アップ

☆呼吸：下ろす時に吸い、上げる時に吐く

①足を肩幅よりやや広く開き、つま先を10度位外に向ける。両手は胸の前でクロスする

下半身
15回
1～2セット

②上体をやや前方に倒しながら、おしりを下げ、元に戻す

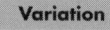

One Point 後ろの遠い椅子に座るイメージでおしりを下げると、股関節も使った良いスクワットになります

Variation

ワイドスクワット

●足を大きく広げ、つま先を45度に開いて行う

ヒップリフト

裏側も鍛えて、前後バランスを整えよう

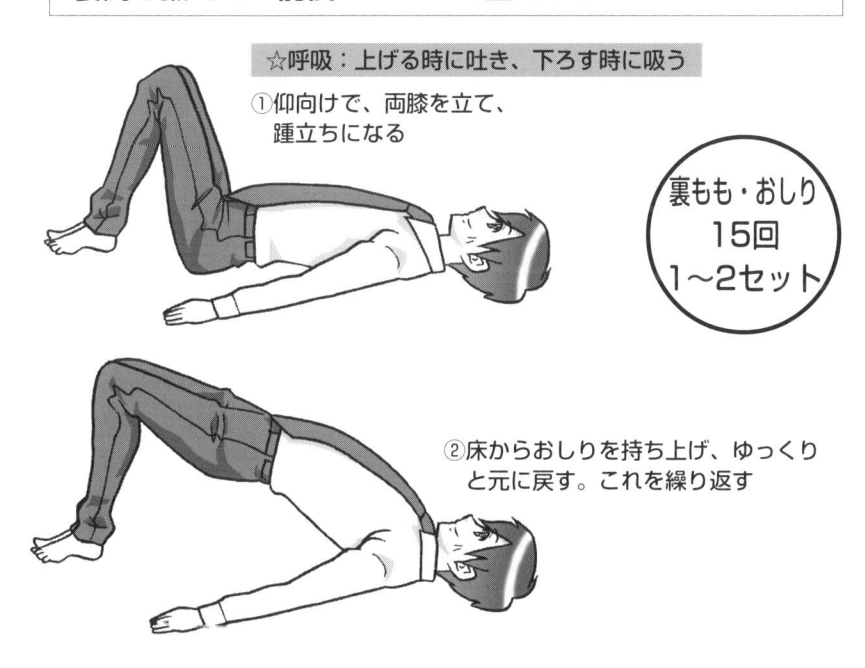

☆呼吸：上げる時に吐き、下ろす時に吸う

①仰向けで、両膝を立て、踵立ちになる

裏もも・おしり
15回
1～2セット

②床からおしりを持ち上げ、ゆっくりと元に戻す。これを繰り返す

One Point 慣れてきたら、下ろす時におしりを床につけず、ギリギリで止め、再び持ち上げましょう

Variation

チェアヒップリフト

●椅子などの上に両足の踵を置き、ヒップリフトを行う

足裏シットアップ

お腹に全体に効く腹筋運動

☆呼吸：上げる時に吐き、下ろす時に吸う

おなか
15回
1〜2セット

①仰向けで左右の足裏をくっつける。両手は耳に添える

②肩甲骨が床から離れるくらいに上体を起こし、つま先を見てからもとに戻す

One Point 　上体を持ち上げた時に、膝が閉じないように注意しましょう

Variation
クランチ

●膝を直角くらいに曲げる。耳の横に手を添え、おへそを覗き込むようにゆっくり上半身を起こす

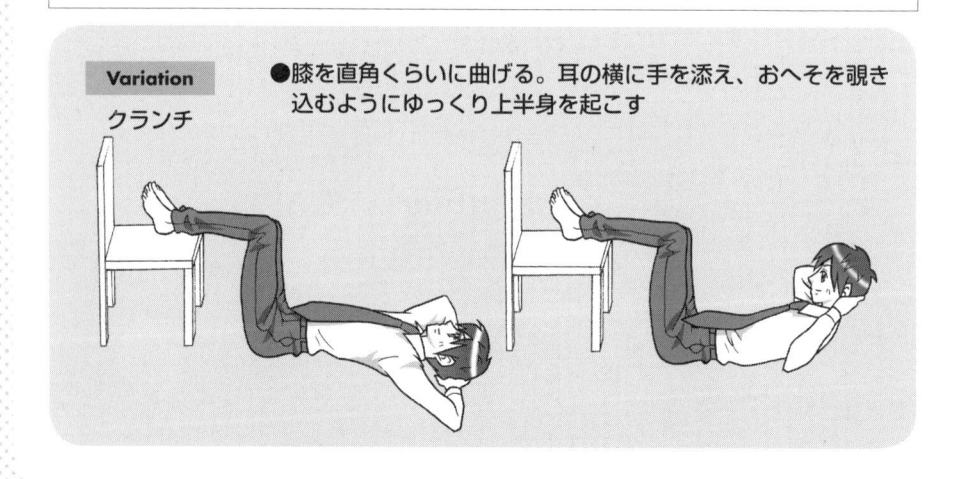

筋トレをしよう！

　受験生はスポーツから離れ、高い強度の活動が減ります。筋トレは、歩行やストレッチでは得られない高強度の刺激を体に与え、筋肉・骨の成長の促進や体力を高めます。近年では、筋トレが脳の機能を高める効果があることも分かっています。進学後に運動部で活躍したい受験生はもちろん、そうでない受験生も、脳の働きや基礎体力を高めるために、ぜひ筋トレにチャレンジしましょう！

　本書で紹介する筋トレは、レベルⅠ〜Ⅲの3つのプログラムで構成されています。レベルⅠは基礎体力づくり、レベルⅡは応用編、レベルⅢは運動経験者向けの内容となっています。まずは基礎編から始め、体力に合わせてレベルを上げていきましょう。なお、筋トレとストレッチの要素を兼ね備えた「ヨガ」を特別プログラムとして掲載しています。こちらも試してみましょう！

筋トレのやり方

☆正しいフォームで行うことが大切です。各種目の説明を読んで行ってください。

☆回数や時間は目安です。体力レベルに応じて、変更しましょう。体に痛みを感じる種目がある場合は、無理せず中止してください。

☆週2〜3回行うことをお勧めします。短時間メニューのため、毎日行っても問題ありません。

☆自宅で筋トレやヨガをやる際は、できるだけ裸足で行ってください。足裏の機能を高めるトレーニングになります。

☆起床後すぐは体への負担が大きいため、朝起きてから30分以上経ってから行ってください。就寝前に行うと脳が覚醒して眠りが浅くなる恐れがあります。夜にやる場合は、就寝2時間前までには終わらせてください。

筋トレ レベルⅡ

②プッシュアップ

①Tバランス

ウォームアップ
その場足踏み50歩

⑤プランク

筋トレの応用編です。基礎編より強度や難度が高い種目です。
基礎編が楽にできるようになったら、チャレンジしてみましょう。

③ランジ

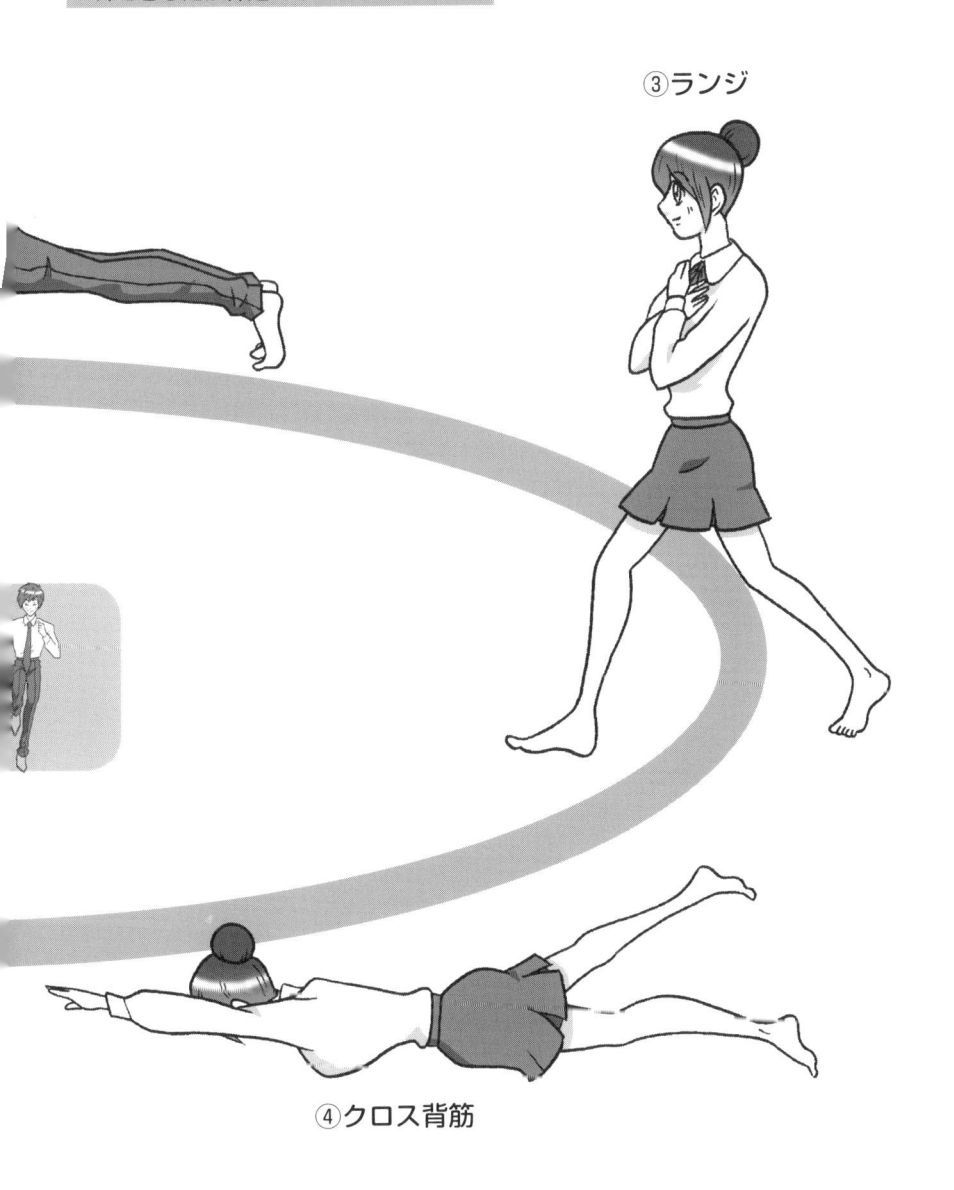

④クロス背筋

Tバランス

バランス感覚を高めながら、下肢筋力を強化しよう

全身
各30秒
1セット

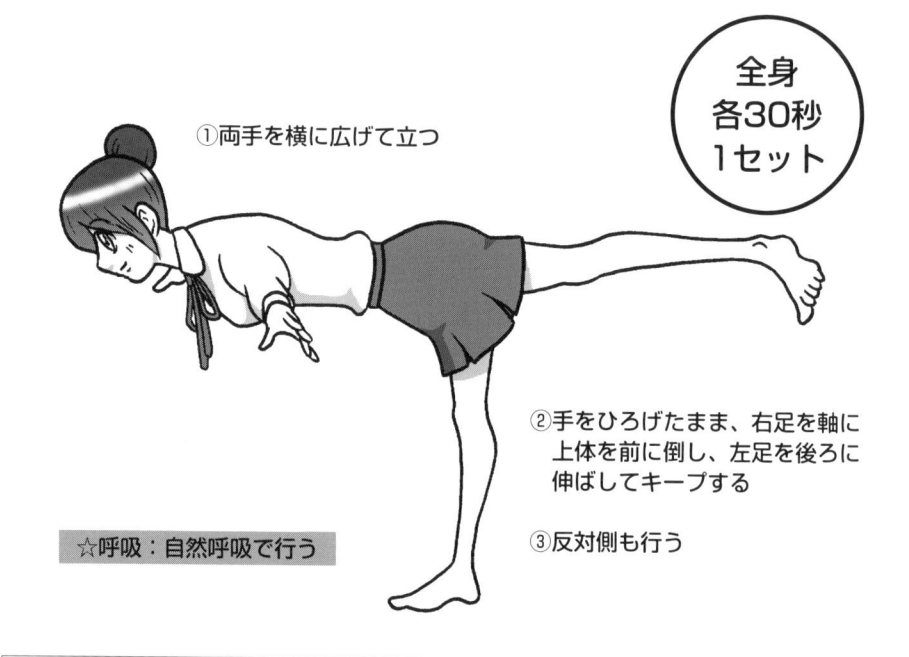

①両手を横に広げて立つ

②手をひろげたまま、右足を軸に上体を前に倒し、左足を後ろに伸ばしてキープする

③反対側も行う

☆呼吸：自然呼吸で行う

One Point 軸足の膝はやや曲げながら、膝を柔らかく使って、バランスを保ちましょう

Variation

後ろ手組み
Tバランス

●両手を横に広げず、腰の後ろで手を組みます。手でバランスが取れないので、難易度が上がります

プッシュアップ

上半身の筋力アップ＆引き締め

☆呼吸：下ろす時に吸い、上げる時に吐く

胸・二の腕
10回

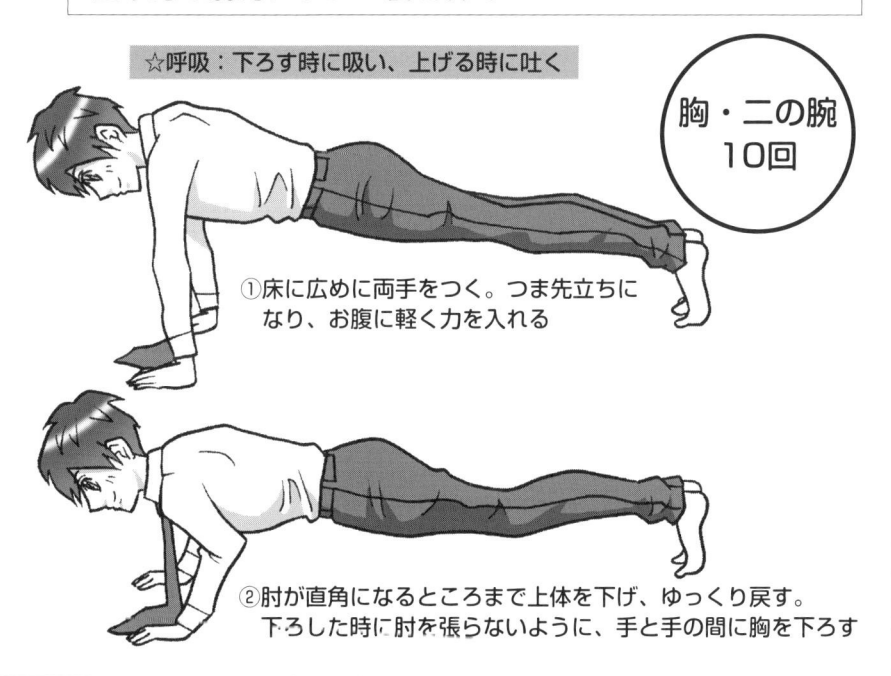

①床に広めに両手をつく。つま先立ちに
なり、お腹に軽く力を入れる

②肘が直角になるところまで上体を下げ、ゆっくり戻す。
下ろした時に肘を張らないように、手と手の間に胸を下ろす

One Point 上体を持ち上げる時に、手のひらの外側（中指〜小指側）で強く床
を押しましょう。胸や二の腕の筋肉により強い刺激が入ります

Variation

膝つき
プッシュアップ

●女子はこちらから行いましょう。
膝を立てて腕立て伏せを行う。下げた時に腰が反らないように注意します

ランジ

強く引き締まった下半身をつくろう

①足を前後に広めに開き、両足のつま先を正面に向ける

脚
10回

②上体をやや前に倒しながら、おしりを下げて、元に戻す

☆呼吸：下ろす時に吸い、上げる時に吐く

One Point 強度の高い種目ですので、膝を浅めに曲げるところから行ってみましょう

Variation

ツイスト
ランジ

●両手を伸ばして胸の前で組む
おしりを下ろしてキープ。上体を
捻って正面に戻してから、立ち上がる

クロス背筋

体の裏側の筋肉も、しっかり動かそう

①うつぶせになり、両手両足を斜めに広げる

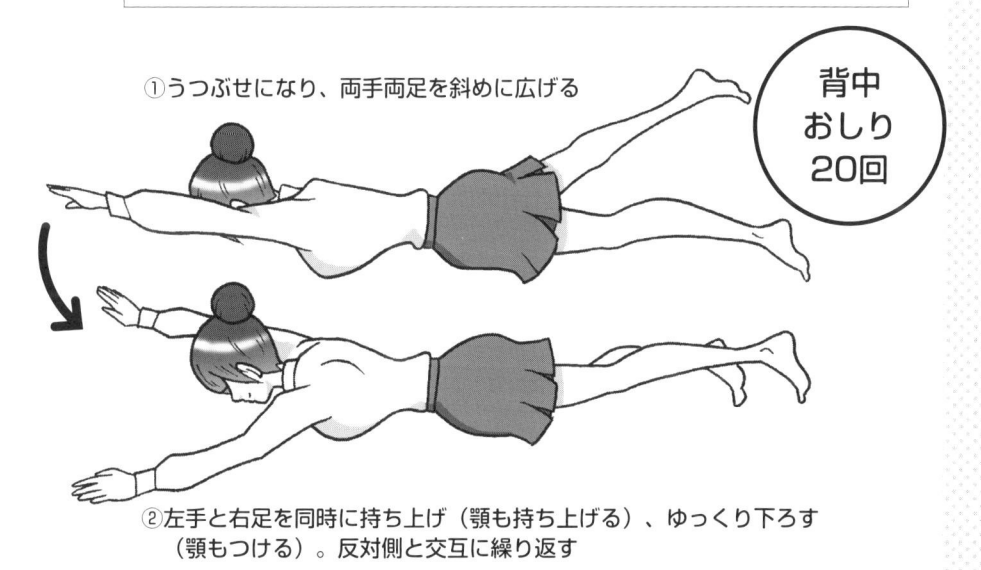

背中
おしり
20回

②左手と右足を同時に持ち上げ（顎も持ち上げる）、ゆっくり下ろす
（顎もつける）。反対側と交互に繰り返す

☆呼吸：上げる時に吸い、下ろす時に吐く

One Point　クロス背筋は、床についている方の手足で床も押しながら、手足を
高く持ち上げましょう

Variation

スーパーマン

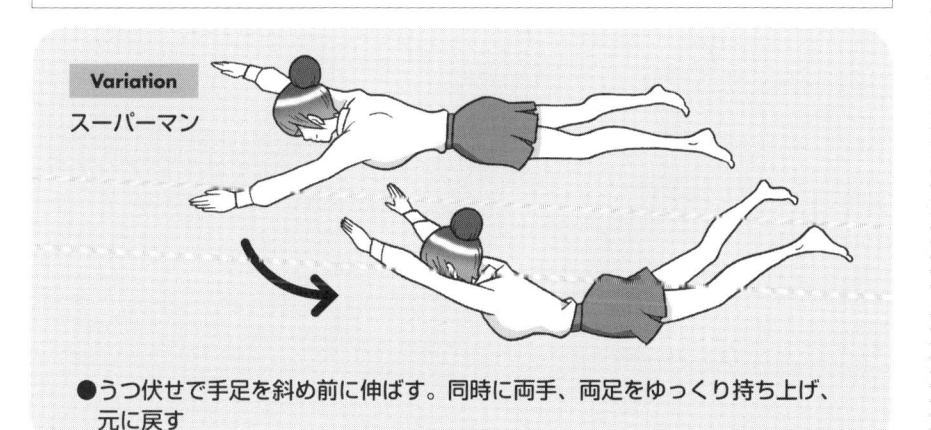

●うつ伏せで手足を斜め前に伸ばす。同時に両手、両足をゆっくり持ち上げ、
元に戻す

プランク

体幹を強化し、引き締まったお腹をつくろう

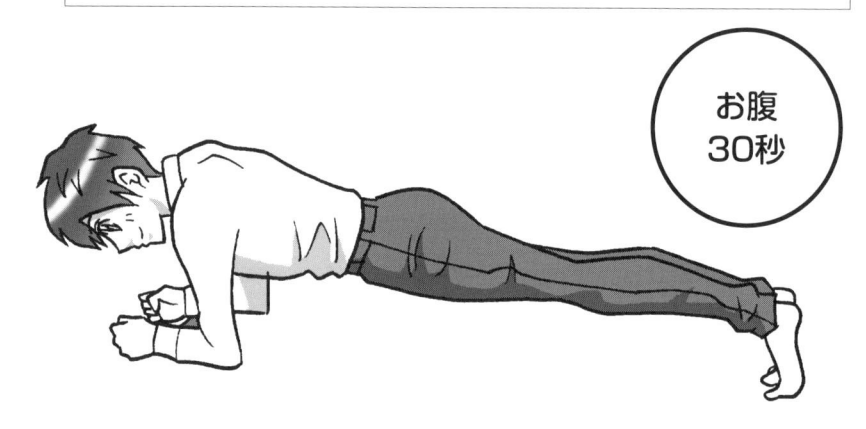

お腹
30秒

①うつ伏せになり、両肘を立てる。おしりを持ち上げ、両肘とつま先の4点でキープする
②つま先は、やや外側（小指）寄りに体重をかける。腰が反ったり、おしりが上がりすぎないよう、おしりの位置を調整する

☆呼吸：自然呼吸で行う

One Point 楽にできる場合は、両足を肩幅よりも大きく広げて行ってみましょう。脇腹にも効きます。

Variation

膝つき
プランク

●女子はこちらから行いましょう。
膝を立ててプランクを行う。腰が反らないように注意します

体をチェックしよう2　柔軟性チェック（下半身編）

体が設計図どおりに動くかな？定期的にチェックし、記録しましょう。

部　位	評　価	＿月＿日	＿月＿日	＿月＿日	＿月＿日
4.前もも 踵とお尻が タッチするか？ 立った状態で、片足の足首を手で持ち、踵とおしりがくっつくか？	A　踵とおしりが楽につく B　踵とおしりがつくが、太ももに張りを感じる C　片側がつかない D　両側ともつかない	A B C D	A B C D	A B C D	A B C D
	出来ない時は 膝のセルフケア（93ページ）をやってみよう				
5.裏もも 両足を伸ばした状態で体を前に倒し、床に指がタッチできるか？	A　床に指の第2関節までつく B　指が床にタッチできる C　床にタッチできない（15㎝以内） D　タッチできない（それ以上）	A B C D	A B C D	A B C D	A B C D
	出来ない時は 腰のだるさ解消 裏もも伸ばし（60ページ）をやってみよう				
6.足首 踵が床から浮かない用ようにしゃがみキープできるか？	A　30秒以上、楽にキープできる B　30秒くらいは何とかキープできる C　15秒くらいは何とかキープできる D　踵が浮いてしまう／後ろに倒れてしまう	A B C D	A B C D	A B C D	A B C D
	出来ない時は 足首のセルフケア（93ページ）をやってみよう				

筋トレ レベルⅢ

②リーチ

①Tバランス タッチ

ウォームアップ
その場足踏み50歩

⑤サイドプランク

上級編です。ダイナミックな動きや難易度の高い種目が含まれます。

進学後も活躍したいアスリートや応用編が楽にできるようになった方はチャレンジして

みましょう。

☆できるだけ裸足でおこないましょう

③フロントランジ

④シングルヒップリフト

Tバランス タッチ

優れたバランス能力を手に入れよう

①Tバランスの体勢をとる

全身
5回

②バランスを保ちながら、軸足と反対の手で軸足のつま先をタッチし、元に戻り、手を広げる。これを繰り返す
③反対側も行う

One Point バランスを崩しそうになった時は、すぐに動いて戻ろうとせず、いったん動きを止めてバランスを取り戻しましょう

Variation

Tバランス
ダブルタッチ

●軸足と反対の手でタッチして戻った後、軸足と同側の手でもつま先をタッチする

リーチ

自分の体を最大限伸ばしてみよう

動的バランス
柔軟性の向上
各10回

①片手を伸ばし、もう一方の手は腰
　にあてる
②おしりが座面から離れないよう、
　ゆっくり前に手を伸ばす。最大限
　伸ばしたら元に戻す
③反対側も行う

One Point ぎりぎり届くか届かないかくらいのところに物（筆箱など）を置いて、それを触りにいくようにするのもおススメです

Variation

リーチ

●横や斜めなど、方向や高さを色々
　と変えながら行う

フロントランジ

バランス感覚と脚力を同時に高めよう

①両手は腰にあてる。

脚
10回

②右足を前に一歩踏み込み、おしりを下げ、右足で床を蹴って元の体勢に戻る
③左右交互に踏み込んで行う

One Point 前に踏み込んだ時に、踵から着地するようにします。床で足が滑らないよう、運動靴や素足で行いましょう

Variation

片手アップ

●踏み込む際に、反対側の手を持ち上げてバランスを取り、手を下ろしながら元に戻す。左右交互に行う

シングルヒップリフト

裏もも＆おしりの筋力アップ

①仰向けで、両膝を立て、両手を床につく。左足は浮かせて膝をやや曲げる

裏もも
おしり
10回

②右足の足裏を床につき、おしりをできるだけ高く持ち上げ、床に下ろす。これを繰り返す。
③反対側も行う

One Point 楽にできる場合は、下ろす時におしりを床ギリギリで止めて、再び持ち上げましょう

Variation

両手上げ
シングル
ヒップリフト

●両手を天井に伸ばし、片足を上げた状態でおしりをできるだけ高く持ち上げ、床に下ろす。手を床につけていないため、難易度と強度が高まります

サイドプランク

サイドの腹筋も鍛えよう

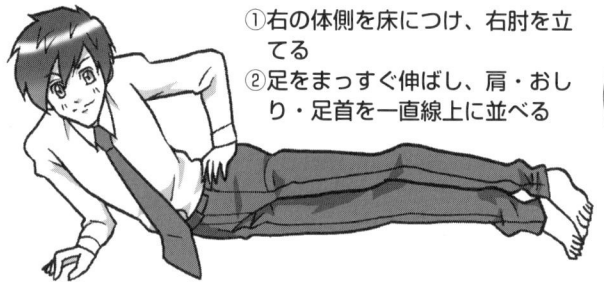

①右の体側を床につけ、右肘を立てる
②足をまっすぐ伸ばし、肩・おしり・足首を一直線上に並べる

わき腹
おなか
30秒

③下のわき腹の力でおしりを持ち上げてキープする。反対側も行う

One Point バランスが取りづらい場合は、両足を重ねず、上の脚を前にクロスして、両足を床につけましょう

Variation

膝曲げ
サイドプランク

●女子はこちらから行いましょう
両膝を直角に曲げ、おしりを持ち上げる。両足を伸ばした状態で行うのがきつい場合は、こちらを試してみましょう

体をチェックしよう 3　下肢の筋力チェック

　歩いたり、立ち上がったり、階段を上ったり、下肢の筋肉は人間の様々な動きの土台になります。運動不足や座り過ぎで下肢の筋力が衰えていませんか？定期的にチェックし、記録しましょう。

■30秒椅子立ち上がりテスト
（CS-30テスト）

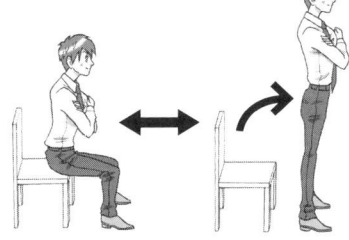

1. 椅子にやや浅く座る。両膝は握り拳1つ分あけ、両手を胸の前でクロスし、上体をやや前屈みにする
2. 椅子から立ち上がる。立ち上がる際に腕の反動を使わないようにし、膝がまっすぐ伸びるところまで立ち上がる
3. 「椅子から立ち上がる→椅子に座る」動作をできる限り速く行う
4. 30秒間で立ち上がれた回数をカウントする
    ※何度か練習してから、本番を行ってください
    ※キャスター付の椅子で行う場合は、背もたれを別の人に押さえてもらってください。強く椅子に座ると、椅子が壊れますので注意しましょう

___月___日	___月___日	___月___日	___月___日
回	回	回	回

＜評価＞
10代の評価基準は残念ながらないため、20代の評価を参考値としてご覧ください。
保護者や先生もぜひチャレンジしてみてください。

男性	優れている	やや優れている	ふつう	やや劣っている	劣っている
20～29歳	38回以上	37～33回	32～28回	27～23回	22回以下
30～39歳	37回以上	36～31回	30～26回	25～21回	20回以下
40～49歳	36回以上	35～30回	29～25回	24～20回	19回以下
50～59歳	32回以上	31～28回	27～22回	21～18回	17回以下

女性	優れている	やや優れている	ふつう	やや劣っている	劣っている
20～29歳	35回以上	34～29回	28～23回	22～18回	17回以下
30～39歳	34回以上	33～29回	28～24回	23～18回	17回以下
40～49歳	34回以上	33～28回	27～23回	22～17回	16回以下
50～59歳	30回以上	29～25回	24～20回	19～16回	15回以下

出典：中谷敏昭ほか：30秒椅子立ち上がりテスト（CS-30テスト）成績の加齢変化と標準値の作成.
臨床スポーツ医学20（3）：349-355.　2003.

ヨ　ガ

①猫と牛のポーズ

②木のポーズ

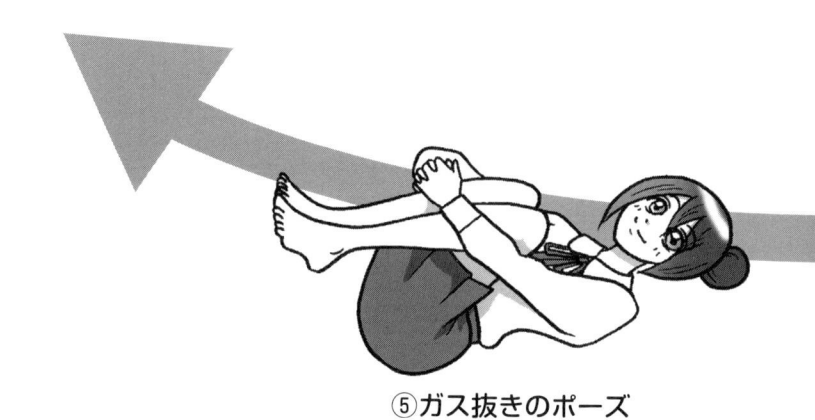

⑤ガス抜きのポーズ

心身鍛錬の方法として古代から伝わるヨガは、近年ではエクササイズとして健康づくりからスポーツ選手の競技力向上まで、幅広く活用されています。
心を整え、体をしなやかに強くするヨガにも、ぜひチャレンジしてみましょう。

☆できるだけ裸足でおこないましょう

③英雄のポーズ

④三角のポーズ

猫と牛のポーズ

背骨の柔軟性を保ち、良い姿勢をつくろう

背骨
ゆっくり
5往復

①肩の下に手のひら、おしりの下に膝をおき、四つん這いになる
②ゆっくり息を吸いながらおなかを引き上げて背中を丸める
③次に、息を吐きながらゆっくり背中を反る。これを繰り返す

One Point 背骨（脊柱）は首から尾骨まで1本につながっています。上から下まで全体を動かしましょう

木のポーズ

下半身とバランス感覚を強化しよう

全身
20秒

①立位となり、左手で左足をつかみ、右足の内ももに足裏をあてる

②胸の前で手を合わせ、両手を頭上に持ち上げる

③余分な力を抜き、ゆっくりと呼吸を感じながらキープする。反対側も行う

One Point バランスが取れない場合は、足を高く上げずにつま先を床についたままにしたり、両手を上げず胸の前で合わせたままにしましょう

英雄のポーズ

前向きな気持ちをつくるポーズ

全身
20秒

① 両足をそろえて立つ
② 両手を腰にあて、左足を後ろに大きく引く
③ 腰に手をあてたまま、前足を曲げる（後ろ足は伸ばす）
④ 両手を頭上に伸ばし、手を合わせてゆっくりと呼吸を感じながらキープする

後ろ足は
45度外側に
向ける

One Point バランスが取れない場合は、両手を合わせず、頭上にまっすぐ伸ばしたり、後ろ足の踵を浮かせてつま先立ちで行いましょう

三角のポーズ

体側を伸ばしながら、全身のバランスを整えよう

全身
20秒

①両足を大きく開き、両手も横に大きく広げる
②手を下ろす側のつま先は横に向け、反対側のつま先はまっすぐ置く

つま先の方向

つま先の方向

③手を下ろす側に上体をスライドさせ、そこから上体を捻る
④目線を上の指先にうつし、足首をつかみながら、ゆっくりと呼吸を感じつつキープする

One Point 余裕がある場合は、下の手の指先を床につけましょう。柔軟性が低い方は、足首ではなく、膝やスネに触れましょう

ガス抜きのポーズ

腰まわりを伸ばし、リラックスしよう

腰・股関節
30秒

①仰向けになり、両足を伸ばす
②両膝を胸に引き寄せ、両手で膝を抱え込み、
　ゆっくり呼吸を感じながらキープする

One Point 胸が圧迫されて呼吸が苦しくならないよう、リラックスして呼吸で
きる程度に両膝を引き寄せましょう

やってみよう！セルフケア

■膝

身長が急激に伸びる成長期は、筋肉と骨の成長バランスが崩れ、膝痛が起こりやすくなります。膝に違和感がある場合は、セルフケアで痛みを予防しましょう。

お皿動かし	セルフマッサージ
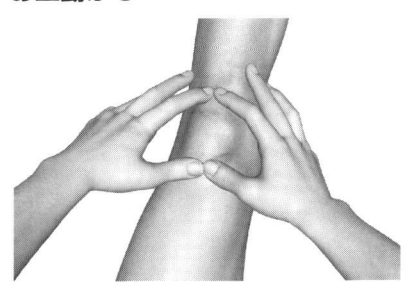	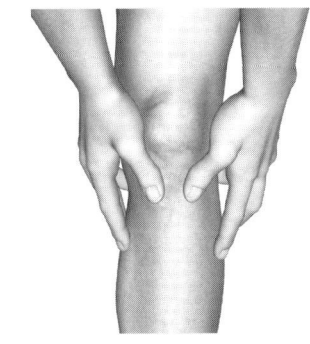
片足を伸ばし、膝をわずかに曲げる。両手の指で膝のお皿をつかむ。お皿を左右、上下、斜め45度（左右とも）に各15往復ずつやさしく動かす。	お皿の斜め下にあるくぼみのあたりに両手の親指をあて、1分ほどやさしく揉みほぐす。

■足首

足首が硬く深くしゃがめない場合は、次のセルフケアを試してみましょう。

セルフマッサージ(1)	セルフマッサージ(2)
内側・外側とも	内側・外側とも
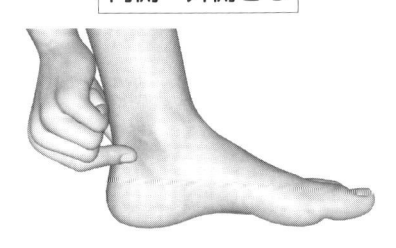	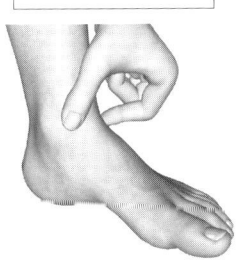
アキレス腱の下部（踵の骨の上）の内側と外側を指でつまみ、指でまわりを1分ほどやさしく揉みほぐす　＊内側、外側を別々に行ってもよい	足首の付け根の左右にあるくぼみを指でつまみ、指でまわりを1分ほどやさしく揉みほぐす　＊内側、外側を別々に行ってもよい

☆痛みが強い場合は中止してください。

体をチェックしよう　4　骨盤バランスチェック

座り時間の増加や運動不足などによって骨盤にゆがみが生じ、姿勢の悪化にもつながります。定期的にチェックし、記録しましょう。

✏ チェック① つま先開きチェック

仰向けで、左右の踵を近づけ、力を抜いて自然に寝ます。つま先が動かないように上体を少し起こし、つま先の開き方をチェックしましょう。

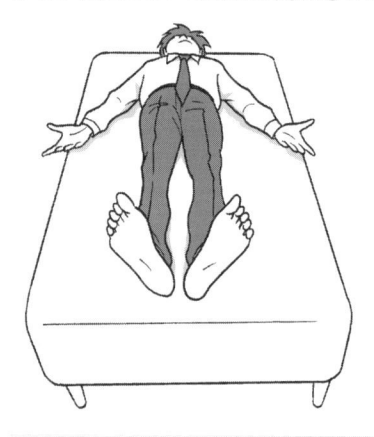

(A) 理想形

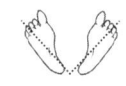

つま先が左右同じように開き、角度が80〜90度

(B) 左右アンバランス型

左右のつま先の開きに差がある

(C) 開きすぎ型

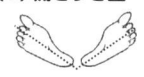

骨盤が開き傾向

(D) 閉じすぎ型

骨盤が閉じ傾向

✏ チェック②：その場閉眼歩き

1. 立位になり、つま先の位置（床）にシール等を貼り、元の位置が分かるように目印をつけます。つま先を目印に合わせます。

2. 目を閉じ、ももを軽く持ち上げながら、腕を軽く振って、その場で「50歩」歩きましょう。体の向きを維持しようと意識せず、自然に歩きます。

3. 50歩歩いたら目を開けます。体の向きがどれ位変わったか、目印から何cm離れたかチェックします。

   ※転倒したりぶつからないよう、広いスペースで行ってください

体の向きが30度以上変わったり、前後左右に30cm以上移動する場合は、体の左右差が大きくなっている可能性があります。紹介したヨガの種目でバランスを整えましょう！

	___月___日	___月___日	___月___日	___月___日
①つま先開き 　チェック	□理想型 □左右アンバランス □開きすぎ型 □閉じすぎ型	□理想型 □左右アンバランス □開きすぎ型 □閉じすぎ型	□理想型 □左右アンバランス □開きすぎ型 □閉じすぎ型	□理想型 □左右アンバランス □開きすぎ型 □閉じすぎ型
②その場閉眼歩き	＜体の向き＞			
	A　体の向きがほ 　　ぼ変わらない	A	A	A
	B　体の向きが 　　15度くらい 　　変わる	B	B	B
	C　体の向きが 　　30度くらい 　　変わる	C	C	C
	D　体の向きが 　　45度くらい 　　変わる。また 　　はそれ以上	D	D	D
	＜移動距離＞			
	A　前後左右にほ 　　とんど移動し 　　ない	A	A	A
	B　前後左右の移 　　動が15cmく 　　らい	B	B	B
	C　前後左右の移 　　動が30cmく 　　らい	C	C	C
	D　前後左右の移 　　動が50cmく 　　らい。または 　　それ以上	D	D	D

最後までお読みいただき、ありがとうございました

　受験は多くの人が経験するライフイベントです。高校受験と大学受験を合わせると、毎年百数十万人の人々が受験活動を行っています。中学受験なども含めれば、その人数はさらに多くなります。

　本書をつうじて、体を動かすことの価値や楽しさがひとりでも多くの受験生に伝わり、受験が運動から離れるきっかけではなく、体を自発的に動かす習慣を身につけるきっかけになれば、筆者としてこれに勝る喜びはありません。

　運動は、スポーツ選手だけのものではなく、動物であるすべての人にとって必要な行為、営みです。適度に体を動かすことで、脳の働きを高めたり、基礎体力を高めたり、病気に罹りづらくなったり、ストレスを上手にコントロールできたり、精神力を強くしてくれたりなど、さまざまな恩恵がもたらされます。自らの意思で運動する習慣、体をマネジメントする習慣を身につけることは、学生生活をより良いものとするだけでなく、その後の夢の実現や自分の人生をより良くする上での大きな武器になります。ぜひ、教科書や参考書と同じように本書も繰り返し開き、受験期にも体を動かしましょう！

　現在、80校15,000名の中学・高校3年生と各校の先生方の協力を得て、青少年の身体活動と生活習慣の実態について大規模な調査を行っています。この調査で明らかになったことを次の機会に皆様にお伝えできればと思います。

　受験生の皆さんが勉強と運動を両立し、受験で存分に力を発揮すること、そして進学後も心身ともに充実し、有意義に過ごされることを心より願っています。

謝　辞

この本が出版に至るまで、たくさんの方にお世話になりました。

明治大学法学部教授、明治大学サービス創新研究所所長の阪井和男先生には、これまでたくさんのことを教えていただきました。阪井先生と出会えたことで、もっと学びたいという心に火がつき、これまでにない経験も積ませていただき、人生が何倍も豊かになりました。早稲田大学スポーツ科学学術院 教授の中村好男先生には、大学院でご指導いただき、修了後も健康づくりについて様々な角度から学び、考える機会を多くいただき、心より感謝申し上げます。

受験生を対象とした研究を進める上で、学習力創造アカデミー（GAKUSO）の庄司博幸先生、橋本典子先生、生徒の皆さん、明治大学法学部「情報組織論（阪井クラス）」の履修者の皆さんをはじめ、多くの団体と受験生にご協力いただきました。そして、運動種目の作成にあたってはオーワン銀座トレーナーの佐藤弘尚さんにもサポートしてもらいました。この場を借りて、厚く御礼申し上げます。

公益財団法人 笹川スポーツ財団には、私が2012年に受験生の身体活動についての研究を開始する際、多大なるご支援をいただきました。本書の前身である「受験生のための運動ガイドブック」は、その研究プロジェクトで作成しました。その「受験生のための運動ガイドブック」を見て、書籍化のお声がけをいただき、その後の執筆を支えてくださった有限会社ラウンドフラットの大内実さんに感謝申し上げます。

最後に、これまで私が運動指導者として関わらせていただいたすべての方々、幼少の頃からさまざまなスポーツに挑戦する機会を与えてくれ、いつ何時も応援し続けてくれている両親、そしていつも献身的に支え続けてくれている妻に心から感謝いたします。

付録　生活活動記録シート

3ヶ月に1回、1週間の活動をありのままに記録してみよう。
現状の自分の時間の使い方を知り、振り返ることで、勉強の効率を高めたり、生活習慣を見直したりすることができます。
☆コピーして使ってください

	記入例	___月___日	___月___日	___月___日	___月___日	___月___日	___月___日	___月___日
6：00								
6：30								
7：00	起床、朝食							
7：30	通学							
8：00	↓							
8：30	授業							
9：00								
9：30								
10：00	体育							
10：30	(サッカー、50分)							
11：00								
11：30	↓							
12：00	昼食							
12：30								
13：00	授業							
13：30								
14：00								
14：30								
15：00								
15：30	↓							
16：00	下校、帰宅							
16：30	ゲーム							

17：00	↑						
17：30	筋トレ（10分）						
18：00	塾						
18：30	→						
19：00							
19：30	→						
20：00	帰宅・夕食						
20：30	→						
21：00	テレビ						
21：30	→						
22：00							
22：30	→						
23：00							
23：30	宿題						
0：00	お風呂						
0：30	就寝						
1：00							
1日の振り返り	学校の体育以外に、筋トレをやった。塾から帰宅して少しテレビを見て宿題をしようと思っていたら、ダラダラと2時間半もテレビを見てしまい、宿題をやる時間が遅くなってしまった。明日は夜更かししないよう、早めに宿題に取り掛かる。						
今後の改善点							

付録　筋肉を知ろう！

全身には400以上の骨格筋（運動や姿勢の保持に働く筋肉）があります。

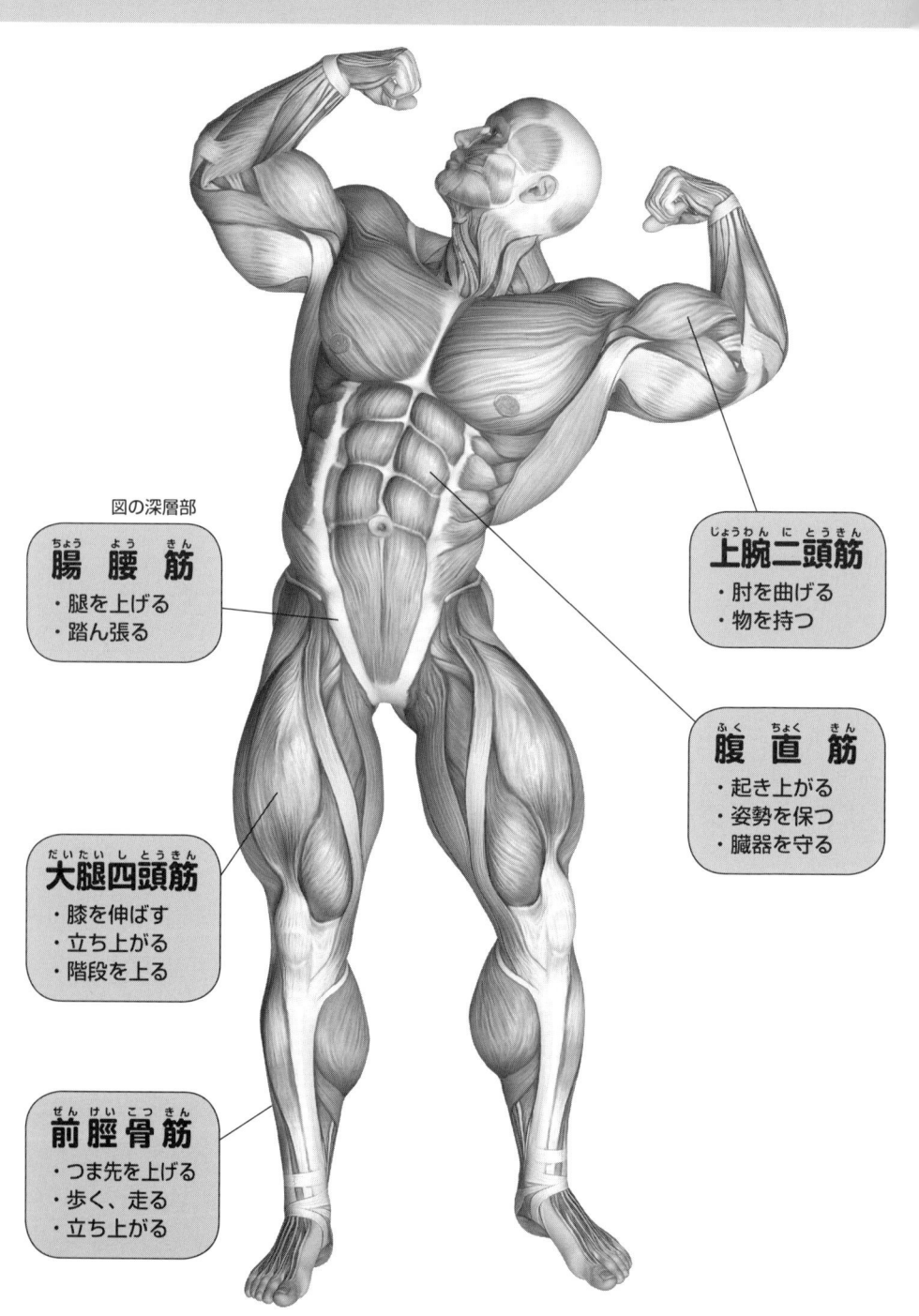

図の深層部

腸腰筋（ちょうようきん）
- 腿を上げる
- 踏ん張る

上腕二頭筋（じょうわんにとうきん）
- 肘を曲げる
- 物を持つ

腹直筋（ふくちょくきん）
- 起き上がる
- 姿勢を保つ
- 臓器を守る

大腿四頭筋（だいたいしとうきん）
- 膝を伸ばす
- 立ち上がる
- 階段を上る

前脛骨筋（ぜんけいこつきん）
- つま先を上げる
- 歩く、走る
- 立ち上がる

筋肉には、①体を動かす、②骨・関節、内臓を保護する、③熱を生み出す（体内の熱生産の約60％を筋肉が作り出す）、④血流を促進する、などの重要な働きがあります。

ここでは主要な筋肉とその働きを紹介します。

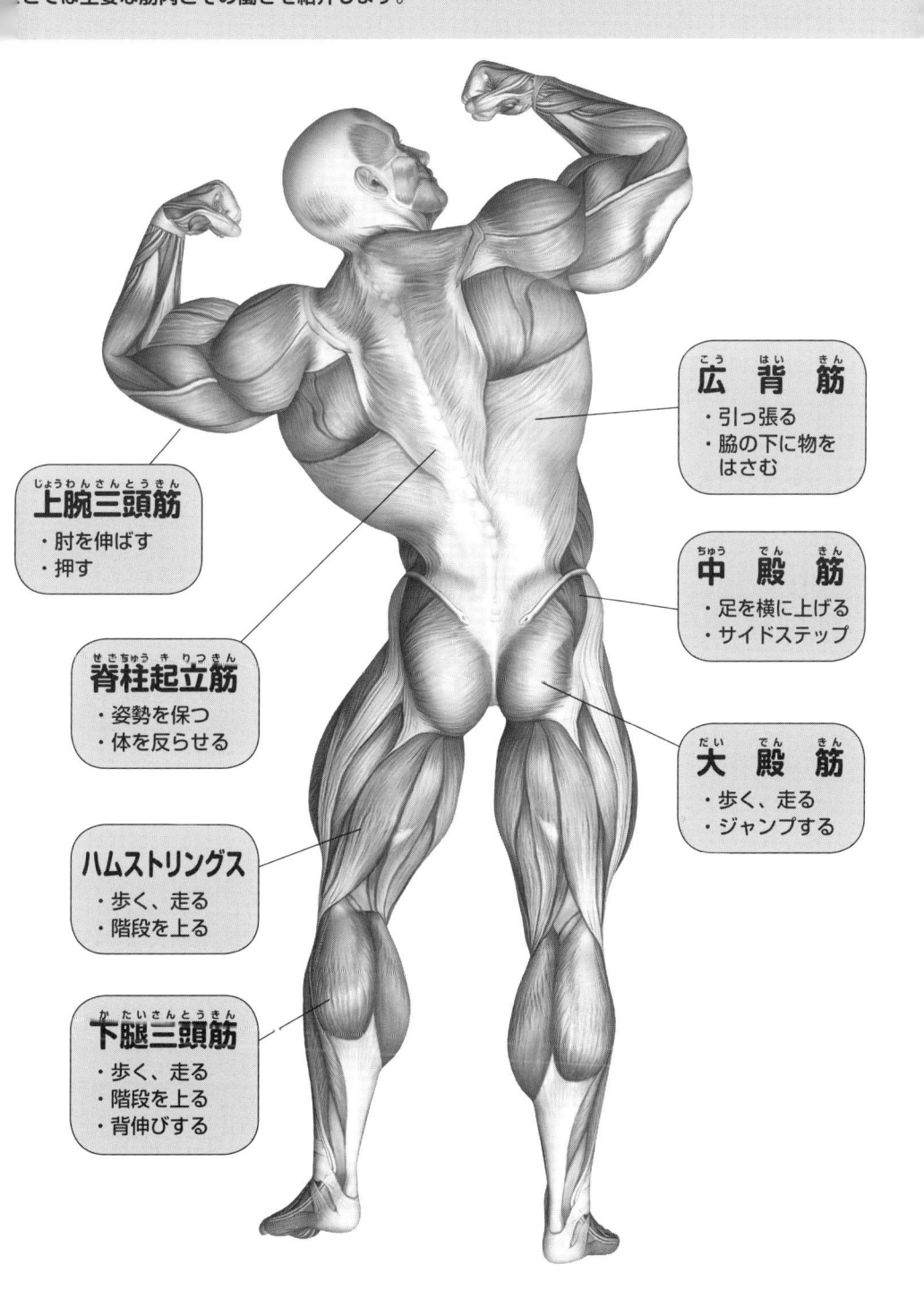

広背筋（こうはいきん）
・引っ張る
・脇の下に物をはさむ

上腕三頭筋（じょうわんさんとうきん）
・肘を伸ばす
・押す

脊柱起立筋（せきちゅうきりつきん）
・姿勢を保つ
・体を反らせる

ハムストリングス
・歩く、走る
・階段を上る

下腿三頭筋（かたいさんとうきん）
・歩く、走る
・階段を上る
・背伸びする

中殿筋（ちゅうでんきん）
・足を横に上げる
・サイドステップ

大殿筋（だいでんきん）
・歩く、走る
・ジャンプする

著者プロフィール
運動指導者／健康教育コンサルタント
内藤　隆

これまで子供からシニア、初心者からアスリートまで10,000名以上に運動指導を実施。現在、受験生の運動不足と座りすぎを予防する研究に従事するほか、デスクワーカー、高齢者を対象とした運動プログラム開発、学校・企業・地域での講演、運動指導者向けの教育研修を数多く行っている。明治大学サービス創新研究所研究員、株式会社CSUP代表取締役、パーソナルトレーニングジム「オーワン銀座」代表、早稲田大学エルダリーヘルス研究所招聘研究員などを務める。

早稲田大学大学院スポーツ科学研究科修了。修士（スポーツ科学）。健康運動指導士。
受験生ヘルススタディ HP　https://www.jyukensei-health.com/

参考文献

ジョン J. レイティ , エリック ヘイガーマン, 脳を鍛えるには運動しかない! 最新科学でわかった脳細胞の増やし方, NHK出版, 2009.

Bangsbo J, et al. The Copenhagen Consensus Conference 2016: children, youth, and physical activity in schools and during leisure time. Br J Sports Med. 2016;50(19):1177-8.

内藤隆,「青少年の受験期の運動からのドロップアウトを防止するプロモーション教材の開発に関する調査研究－継続的なスポーツ実践の実現を目指して」, SSFスポーツ政策研究, 第2巻1号, pp316-324. 2013.

SRS研究所, 指回し体操の諸効果　http://www.srs21.com/fingers/

健康のための身体活動に関する国際勧告（WHO）日本語版、（宮地元彦・久保絵里子訳）
http://www0.nih.go.jp/eiken/programs/kenzo20120306.pdf

本書に対するご意見、ご感想をお聞かせ下さい。
customer@roundflat.jp までEメールでお寄せ下さい。

イラスト　竹下　南姫
DTP　　富永　幸一朗（株式会社シャーウッド）

脳力アップ！ 受験生体操

発行日　2018年7月22日　初版第1刷
著　者　内藤　隆
発行者　大内　実
発行所　有限会社ラウンドフラット
　　　　〒162-0004 東京都新宿区市谷仲之町2-44
　　　　電話 (03)3356-5726　FAX (03)3356-5736
　　　　URL http://www.roundflat.jp/